Paulo Freire
Uma vida entre aprender e ensinar

Carlos Rodrigues Brandão

Paulo Freire
Uma vida entre aprender e ensinar

DIREÇÃO EDITORIAL:
Marlos Aurélio

CONSELHO EDITORIAL:
Fábio E. R. Silva
Márcio Fabri dos Anjos
Mauro Vilela

COPIDESQUE E REVISÃO:
Luiz Filipe Armani
Pedro Paulo Rolim Assunção

DIAGRAMAÇÃO:
Tatiana Alleoni Crivellari

CAPA:
Tatiane Santos de Oliveira

Todos os direitos em língua portuguesa, para o Brasil, reservados à Editora Ideias & Letras, 2021.

2ª impressão

Avenida São Gabriel, 495
Conjunto 42 – 4º andar
Jardim Paulista – São Paulo/SP
Cep: 01435-001
Editorial: (11) 3862-4831
Televendas: 0800 777 6004
vendas@ideiaseletras.com.br
www.ideiaseletras.com.br

Dados Internacionais de Catalogação na Publicação (CIP)
(Câmara Brasileira do Livro, SP, Brasil)

Paulo Freire: uma vida entre aprender e ensinar /
Carlos Rodrigues Brandão;
São Paulo: Ideias & Letras, 2017
Série Pensamento Dinâmico

ISBN 978-85-5580-033-7

1. Alfabetização 2. Educadores – Brasil – Biografia 3. Freire, Paulo, 1921-1997.
I. Título. II. Série.

17-08956   CDD-370-9281

Índice para catálogo sistemático:
1. Educadores brasileiros: Biografia e obra   370.9281

Aos esfarrapados do mundo e aos que neles se descobrem e, assim descobrindo-se, com eles sofrem, mas, sobretudo, com eles lutam.

Pedagogia do Oprimido: o manuscrito, p.13

Sumário

Apresentação |9
Um outro livro sobre Paulo Freire

I. Um menino do Nordeste |17
à sombra das mangueiras

1. Os cenários e os fundamentos de uma educação |24
como prática da liberdade

2. O professor Paulo Freire: os começos de uma carreira |26

3. De volta à universidade, como educador |30

4. Os dias escuros e os tempos do exílio |37

5. O retorno do educador exilado |45

II. Ler palavras e ler o mundo: |51
o método de alfabetização
Paulo Freire

III. A cultura popular e os |65
movimentos de cultura popular

IV. Da cultura popular |77
à educação popular

V. Do método ao sistema: |87
da alfabetização à
universidade popular

1. Da alfabetização à universidade popular |97

VI. Andarilho da utopia |133
e semeador da esperança

VII. O que ler para conhecer |141
a obra de Paulo Freire

Referências |147

Apresentação
Um outro livro sobre Paulo Freire

Apresentação

Paulo Freire escreveu algumas vezes relatos sobre a sua vida. Em muitas entrevistas ele voltou a tempos que vão da infância em Recife aos anos desde o seu retorno do exílio. Em *Cartas a Cristina* e em *À sombra dessa mangueira* ele retornou a momentos que vão da infância em Pernambuco a tempos de sua vida como educador.

Eu mesmo escrevi dois livros sobre a vida e as ideias de Paulo Freire. Um deles foi escrito para crianças e jovens, e também para professoras. Foi por ocasião de uma "Semana Paulo Freire", organizada pelo Movimento dos Trabalhadores Rurais sem Terra – MST. O pequeno livro tomou este nome: *A história do menino que lia o mundo*, e foi publicado como o *"Cadernos fazendo história n° 7"*, do MST. Poucos anos mais tarde retomei o livro e o ampliei, agora com a participação de Ana Maria Freire. Ele foi publicado pela editora da Unesp em uma coleção dedicada a Paulo Freire. Mais adiante ele foi republicado pela editora Expressão Popular.

Como parte do material do *Projeto Memória Brasil*, da Fundação Banco do Brasil, escrevi o texto de base de uma fotobiografia de Paulo Freire. Junto com outras criações a serem distribuídas em conjunto entre escolas e bibliotecas públicas, foi editado o livro *Paulo Freire: educar para transformar*.

Anos antes, sob coordenação de Moacir Gadotti foi publicada, talvez, a mais abrangente e completa história de vida e pensamento de Paulo Freire e seu tempo, com o título *Paulo Freire: uma biobibliografia*, cujas demais informações se encontram nas referências, ao final deste volume. Ana Maria Araújo Freire escreveu anos adiante o que possivelmente será a nova biografia mais detalhada e completa sobre a vida e a obra de Paulo Freire: *Paulo Freire: uma história de vida*.

Paulo Freire talvez seja um dos educadores mais conhecidos de todo o mundo, e também um dos mais biografados em escritos em várias línguas. Existe até mesmo um *Dicionário Paulo Freire* publicado em português e em espanhol.

Este livro sobre a vida e os fundamentos de suas práticas e suas ideias não completa outros. Ele busca ser uma versão, ao mesmo tempo, completa em seus termos e accessível, sobretudo a professoras e professores do "chão da escola", e também outras pessoas cujas profissões ou vocações de presença e militância tenham a ver com a educação. Afinal, em Paulo Freire ela, a educação, existe na escola e para além da escola. Existe antes e depois dela.

Além de escrever uma biografia simples sobre a vida e a pessoa de Paulo Freire, preocupei-me em apresentar aqui tanto o seu "método de alfabetização", quanto um conjunto das ideias e propostas inovadoras de um professor-educador que 56 anos após as suas primeiras experiências com a educação, e os seus primeiros escritos sobre a educação, permanece tão atual e presente entre nós.

Sem exagerar em citações, busquei trazer vários fragmentos do que Freire escreveu, tanto ao relatar passagens de sua vida, quanto ao "dizer a sua palavra". A respeito das suas citações, lembro que ao lado das que eu mesmo colhi em seus escritos, trouxe várias delas de um pequeno e inestimável livro preparado pelos irmãos Ivo e Ivanio Dickmann: *Primeiras palavras em Paulo Freire*. Devo agradecer publicamente a eles pela contribuição que, com justiça, faz deles quase coautores deste livro.[1]

Graças a um livro logrei transcrever aqui partes de uma outra escrita: suas cartas. Nelas poderão ser desvelados o mesmo Freire das demais obras e um outro, diferente desse. São escritos em que, entre os mais diferentes momentos e destinatários, suas ideais ganham um tom mais afetivo e pessoal. Devo à leitura de *Pedagogia da correspondência: Paulo Freire e a educação por cartas e livros*, de Edgar Pereira Coelho, esse encontro feliz.

Quero trazer aqui um depoimento de Moacir Gadotti.

Conta ele que um grupo de amigos e companheiros de trabalho de Paulo Freire resolveu criar o *Instituto Paulo Freire*. E eles foram então até o velho professor apresentar a ideia e ouvir dele a sua opinião a respeito.

Paulo Freire ouviu a proposta e respondeu o que escrevo aqui de memória, esperando ser fiel ao

---
1 *Primeiras palavras em Paulo Freire* foi publicado em 2008, como edição dos autores, na cidade de Veranópolis, no Rio Grande do Sul.

que ele disse: "A ideia me parece boa. Se ela for para me repetir, não vale a pena. Mas se for para me superar, então vale sim. Podem criar."

Eis uma pequena mostra de um educador cujos amigos gostam de recordar como um "homem conectivo". A palavra "conectivo" era lhe muito cara. E entre nós gostava de se apresentar como um "menino conectivo". Um homem que sempre quando estava "em", procurava estar "entre". E "entre" em pelo menos dois sentidos.

Num primeiro sentido, o viver e pensar entre lugares, em territórios de fronteira. Basta reler com atenção o *Pedagogia do Oprimido* – inclusive as notas de rodapé – para desvelar como Freire, anos antes de alguém falar em interações transdisciplinares, escrevia sobre a educação dialogando com filósofos, cientistas sociais, educadores, militantes ativistas, e também as pessoas do povo. Entre os seus livros estão presentes tanto pensadores europeus tradicionais, quanto pensadores africanos, como Franz Fanon Samora Machel e Amilcar Cabral, os quais também considerava como seus autores essenciais.

Em um segundo sentido, o viver, pensar e agir "em e entre" pessoas e equipes. Desde as primeiras experiências no SESI e, sobretudo, no *Serviço de Extensão Comunitária* da Universidade do Recife, conviveu sempre com outras pessoas. E assim foi quando assumiu a Secretaria de Educação de São Paulo, a convite da prefeita Luiza Erundina. Entre o MOVA - São Paulo e o Instituto Paulo Freire, onde até hoje pode ser visitada a pequena sala onde ele trabalhava, muito embora tenha sido o seu o nome aquele que "ficou", em tudo o que pensou e praticou, a ativa presença coletiva de outras pessoas foi sempre constante e fecunda.

E mesmo depois de haver partido, o "menino conectivo" permanece presente entre nós como poucos. E não somente na memória e na saudade dos que conviveram com ele, mas na muitas outras pessoas que, de tanto o haverem lido e com ele dialogado, trouxeram também para as suas vidas as ideias e a pessoa de Freire.

Recordo um último fato: Paulo Freire estava exilado entre o Chile, a Bolívia e os Estados Unidos. Antes de viajar para a Europa com a família, enviou a amigos no Chile um manuscrito. Tratava-se de um livro com este nome: *Pedagogia do Oprimido*.

Na primeira página está escrita a epígrafe que eu trouxe para este livro. E em uma carta dirigida a Jaques Chonchol e Maria Edy, ele confessa as suas dúvidas sobre o valor daquela obra. Transcrevo parte da carta:

> Faz este mês, exatamente quatro anos que cheguei ao Chile. Deixava Elza, deixava os filhos nossos, deixava uma velinha atônita ante o que lhe parecia impossível compreender. Deixava o Recife, seus rios, suas pontes, suas ruas de nomes gostosos: "Saudade"; "União"; "7 Pecados; "rua das Creoulas", do "Chora menino"; "rua da Amizade", "do Sol", "da Aurora". Deixava o mar de água morna, as praias largas, os coqueiros. Deixava os pregões: Doce de bana (Sic) e goiaba! Deixava os amigos, as vozes conhecidas.

Deixava o Brasil. Trazia o Brasil. Chegava sofrendo a ruptura entre o meu projeto e o do meu país. Encontrei vocês. Acreditei em vocês. Comprometi-me com o seu compromisso no Indap que você projetava. Queria que você recebesse esses manuscritos de um livro que pode não prestar, mas que encarna profunda crença que tenho nos homens, como uma simples homenagem a quem muito admiro e estimo.

Santiago
Primavera, 68.[2]
Paulo

O livro prestou. Foi publicado originalmente em espanhol e em inglês. Saiu depois em português e são muitas dezenas as suas edições. Paulo Freire viveu o bastante para receber de editoras de inúmeros países a edição de seu livro em mais de 50 traduções. Certa vez ele me mostrou a edição em Japonês e me disse, brincalhão: "Carlos, eu só sei que o livro é meu porque tem o meu retrato na segunda orelha".

---

2 Muitos anos depois de publicado editorialmente *Pedagogia do Oprimido: o manuscrito* foi editado em 2013. Uma pequena comissão foi a Santiago do Chile e recebeu das mãos de Jacques Chonchol o livro original cuidadosamente guardado em um cofre. A edição fac--símile foi preparada por Jason Ferreira Mafra, José Eustáquio Romão e Moacir Gadotti. Foi publicado pela editora do Instituto Paulo Freire, a Uninove, de São Paulo, e o Ministério da Educação. A edição manuscrita foi colocada fora de comércio e por indicação da família os livros foram distribuídos entre educadores e instituições de educação e ação social.

I.
Um menino do Nordeste à sombra das mangueiras

Paulo Freire nasceu em 19 de setembro 1921. Uma primeira guerra mundial havia recém-acabado. Não seria a última e, jovem ainda, ele viveu o começo e o fim de uma outra grande e sangrenta guerra, iniciada na Europa em 1939.

Paulo foi um dos quatro filhos de um pai de pequena patente militar e de uma mãe costureira e bordadeira. Ele viveu a infância e juventude em uma família nunca pobre ao extremo, mas "de poucas posses", como era costume dizer-se então. A metáfora de um menino do começo do século XX aprendendo a ler e a escrever com rabiscos de gravetos sobre a terra dos fundos de um quintal será também a lembrança de toda uma vida dedicada à educação. Anos mais tarde, quando já era então um "cidadão do mundo", é ao quintal de velha casa, às árvores e a outros seres da vida de sua infância que ele se volta logo nas primeiras páginas de um livro autobiográfico e que, não por acaso, recebeu este nome: *À Sombra desta Mangueira*. Deixemos que ele mesmo venha nos falar:

> Antes de tornar-me um cidadão do mundo, fui e sou um cidadão do Recife, a que cheguei a partir do meu quintal, no bairro de Casa Amarela.
> [...]
> Meu primeiro mundo foi o quintal de casa, com suas mangueiras, cajueiros de fronde quase

> ajoelhando-se no chão sombreado, jaqueiras e barrigudeiras. Árvores, cores, cheiros, frutas, que, atraindo passarinhos vários, a eles se davam como espaço de seus cantares.
>
> [...]
>
> Aquele quintal foi a minha imediata objetividade. Foi o meu primeiro não eu geográfico, pois os meus não eus pessoais foram meus pais, minha irmã, meus irmãos, minha avó, minhas tias e Dada, uma bem-amada mãe negra que, menina ainda, se juntou *à família nos fins do século passado. Foi com esses diferentes não* eus que eu me constituí como eu. Eu fazedor de coisas, eu pensante, eu falante.[3]

Como sucedia acontecer com muitos meninos de seu tempo, Paulo Freire começou os seus estudos em uma pequena escola na casa da professora Eunice, para quem ele dedicou escritos de lembranças. Estudou apenas por um ano e, aos oito anos de idade, mudou-se com a família, empobrecida às vésperas da crise de 1929, para a cidade de Jaboatão, ao lado de Recife.

Perdeu o pai quando tinha 13 anos, e esse foi um outro motivo pelo qual ele se atrasou em seus estudos do "curso primário", e apenas aos 16 anos ingressou no "curso ginasial".

> Eu fiz a escola primária exatamente no período mais duro da fome. Não da "fome" intensa, mas de uma fome suficiente para atrapalhar o aprendizado. Quando terminei meu exame de admissão, era alto,

---

3 FREIRE, Paulo. *À sombra desta mangueira*. São Paulo: Olho d'Água, 1995, p. 24-25.

> grande, anguloso, usava calças curtas, porque minha mãe não tinha condições de comprar calças compridas. E as calças curtas, enormes, sublinhavam a altura do adolescente. Eu consegui fazer, Deus sabe como, o primeiro ano do ginásio com 16 anos. Idade com que meus colegas de geração, cujos pais tinham dinheiro, já estavam entrando na faculdade.
>
> Fiz esse primeiro ano de ginásio num desses colégios privados, em Recife: em Jaboatão só havia escola primária.
>
> Mas minha mãe não tinha condições de continuar pagando a mensalidade e, então, foi uma verdadeira maratona para conseguir colégio que me recebesse com bolsa de estudos. Finalmente encontrou o Colégio Oswaldo Cruz e o dono desse colégio, Aluízio Araújo, que fora antes seminarista, casado com uma senhora extraordinária, a quem eu quero um imenso bem, resolveu atender ao pedido de minha mãe. Eu me lembro que ela chegou em casa radiante e disse: "Olha, a única exigência que o Dr. Aluízio fez é que você fosse estudioso".[4]

No que deixou por escrito e no que narrava de sua vida em rodas de conversas, acentuava sempre uma quase precoce vocação para "decifrar palavras e o mundo". Não apenas alfabetizar-se e aprender princípios de gramática, mas mergulhar através das palavras nos mistérios da vida e do mundo. Será

---

4 Esse depoimento foi publicado originalmente na revista *Ensaio*, n. 14, 1985, p. 5. Foi depois republicado em *Paulo Freire: uma biobibliografia,* um grande e completo livro sobre a vida e as ideais de Paulo Freire, organizado por Moacir Gadotti e publicado pela editora Cortez, de São Paulo, em parceria com o Instituto Paulo Freire e com a Unesco. O livro teve a sua primeira edição publicada em 1996.

fácil compreender como antes de ser um pensador da educação, foi um curioso da linguagem.

A "leitura" do meu mundo, que me foi sempre fundamental, não fez de mim um menino antecipado em homem, um racionalista de calças curtas. A curiosidade do menino não iria distorcer-se pelo simples fato de ser exercida, no que fui mais ajudado do que desajudado por meus pais. E foi com eles, precisamente, em certo momento dessa rica experiência de compreensão do meu mundo imediato, sem que tal compreensão tivesse significado malquerenças ao que ele tinha de encantadoramente misterioso, que eu comecei a ser introduzido na leitura da palavra.

A decifração da palavra fluía naturalmente da "leitura" do mundo particular. Não era algo que se estivesse dando supostamente a ele. Fui alfabetizado no chão do quintal de minha casa, à sombra das mangueiras, com palavras do meu mundo e não do mundo maior dos meus pais. O chão foi o meu quadro-negro; gravetos, o meu giz.[5]

Quando (a professora) me ensinou, era uma meninota, uma jovenzinha de seus 16, 17 anos. Sem que eu ainda percebesse, ela me fez o primeiro chamamento com relação a uma indiscutível amorosidade que eu tenho hoje, e desde há muito tempo, pelos problemas da linguagem e particularmente os da linguagem brasileira, a chamada língua portuguesa no Brasil.

Ela com certeza não me disse, mas é como se tivesse dito a mim, ainda criança pequena: "Paulo, repara bem como é bonita a maneira que a gente

---

5 Memórias escritas no livro *A importância do ato de ler*, p. 15.

tem de falar!". É como se ela me tivesse chamado. Eu me entregava com prazer à tarefa de "formar sentenças". Era assim que ela costumava dizer. Eunice me pedia que colocasse numa folha de papel tantas palavras quantas eu conhecesse. Eu ia dando forma às sentenças com essas palavras que eu escolhia e escrevia. Então, Eunice debatia comigo o sentido, a significação de cada uma.[6]

A "decifração das palavras" e do mundo, cedo ainda, motivou em Paulo Freire o desejo de lidar com o conhecimento e tornar-se o professor e o educador que viria a ser anos mais tarde.

> Antes de mais nada, devo dizer que ser um professor tornou-se uma realidade, para mim, depois que comecei a lecionar. Tornou-se uma vocação, para mim, depois que comecei a fazê-lo. Comecei a dar aulas muito jovem, é claro, para conseguir dinheiro, um meio de vida; mas quando comecei a lecionar, criei dentro de mim a vocação para ser um professor.
> Eu ensinava gramática portuguesa, mas comecei a amar a beleza da linguagem. Nunca perdi essa vocação.
> [...]
> Ensinando, descobri que era capaz de ensinar e que gostava muito disso. Comecei a sonhar cada vez mais em seu um professor. Aprendi como ensinar, na medida em que mais amava ensinar e mais estudava a respeito.[7]

---

6 FREIRE, P. *Minha primeira professora*. Revista Nova Escola, dez. 1994.
7 SHOR, Ira. *Medo e ousadia*. São Paulo: Unesp, 2003, p. 38. Trecho de uma entrevista concedida a Ira Shor, um educador norte-americano.

1. Os cenários e os fundamentos de uma educação como prática da liberdade

Eram então, recordo, os anos 1960 e não foram poucos os eventos que no Brasil e no mundo inteiro marcaram as nossas vidas para sempre: o Concílio Vaticano II, a vitória da Revolução Cubana, a revolta dos estudantes em Paris, o começo de um intenso tempo de mobilização popular no Brasil e na América Latina, o tempo dos movimentos de cultura popular no Brasil e da criação das primeiras experiências de uma "educação libertadora".

Nosso país viveu anos antes um efêmero processo de democratização, entre o regime do Estado Novo e os governos militares instaurados a partir de 1964. Foram anos que assistiram a alguns projetos de industrialização, modernização e desenvolvimento socioeconômico, entre eles a promessa de "50 anos em 5" e a ilusão do "milagre brasileiro".

Foi também o tempo, sobretudo na década dos anos 1960, da crítica teórica de uma sociedade dualista – de que o sociólogo Fernando Henrique Cardoso será um dos principais porta-vozes – associada a propostas de um nacionalismo desenvolvimentista. A partir de meados dos anos 1950, alguns indicadores de modernização do Brasil aparentavam ser muito evidentes e convincentes. No entanto, eles representaram em muito pouco uma efetiva mudança no quadro geral das desigualdades, das exclusões, da subserviência popular e, em síntese, da persistente reiteração das injustiças sociais e do acúmulo de capital e poder em mãos de minorias sempre prontas a apoiarem regimes de força quando os seus interesses começavam a ser ameaçados.

Será a partir de uma leitura crítica não apenas da educação, mas de todo o acontecer da sociedade brasileira, que Freire começará a pensar e propor uma outra forma de praticar uma educação compreendida como uma modalidade transformadora de ação social através da cultura. "Não há ciência neutra" e "toda a educação esconde ou revela uma dimensão política" serão duas ideias que ele de várias maneiras repete e reitera entre palestras, aulas e escritos.

Relembro que então novas ideias surgiam a todo o instante e fecundavam novas formas de organização e de mobilização social entre diferentes categorias culturais de atores sociais. Novas teorias a respeito de tudo, da física do Cosmos à antropologia das culturas. E elas colocavam ao redor da mesa novas propostas de gestão do presente e construção do futuro, a partir de novos olhares sobre antigas ideias a respeito da pessoa humana, de sua cultura e dos fundamentos e processos de sua vida em sociedade.

Outras histórias sobre o passado alinhavam-se ao lado de novas e contestadoras alternativas de ação social, realizada como uma polissêmica e intensa atividade de organização e de ações populares, entre sindicatos, partidos políticos e movimentos sociais. Não esqueçamos que ao longo de três décadas brotaram entre nós diferentes frentes de lutas em nome de antigas e novas causas sociais, como as dos povos indígenas, dos movimentos negros, das lutas pelos direitos das mulheres, das minorias esquecidas e das maiorias silenciadas. Aqui e ali são experimentadas – e depois em boa parte desativadas e esquecidas – novas práticas sociais de ação comunitária, algumas delas incentivadas pela própria Organização das Nações Unidas (ONU). À esquerda e à direita, surgem propostas de ações sociais reguladoras de sociedades através de projetos de desenvolvimento socioeconômico, ou emancipadoras de sociedades, através de ações radicais de transformação de todos os planos da vida social.

2. O professor Paulo Freire: os começos de uma carreira

Entre os anos da adolescência e os da juventude Freire dedicou-se por conta própria a estudos de Filologia e de Filosofia da Linguagem. Antes mesmo de completar o seu curso na Faculdade de Direito do Recife, lecionou, por um curto tempo, gramática portuguesa em um colégio. Mas uma vida por inteiro dedicada à docência e à educação deveria esperar alguns anos. Formado em direito pela Universidade do Recife, ele exerceu a profissão de advogado apenas por cerca de um ano. A mesma universidade mais tarde o acolheria como professor de carreira.

Em 1944 Paulo Freire casou-se com Elza Maria Costa de Oliveira. Em geral as biografias de um "grande homem" costumam colocar em algum lugar mais à sombra a sua esposa ou companheira. Não devemos proceder assim com Elza Freire. Foram demasiados os depoimentos de Paulo Freire a respeito do que esta mulher pernambucana representou em sua vida.

Elza era também professora e não foi pequena a sua contribuição ao que anos mais tarde veio a ser o *Método Paulo Freire de Alfabetização*. Em um revelador estudo sobre Elza Freire, a professora e pedagoga Nima Spigolon nos traz este depoimento:

> Nascida em uma família de classe média, no Recife, na segunda década do século XX, "professora normalista" aos 19 anos, Elza tinha preferência pelo trabalho educacional com crianças, e a alfabetização foi um dos aspectos em que se especializou, tendo sido também uma das pioneiras em envolver a Arte no trabalho de educação.
>
> [...]
>
> No começo da década de 1940, Elza já lecionava no Instituto Pedagógico do Recife, atuando na formação continuada de docente. E, de meados da década de 1940 até 1964 – ano da partida para o exílio, no Chile – atuou como professora e diretora de várias instituições da rede pública do estado de Pernambuco. Em 1944, casou-se com o também recifense Paulo Freire, para quem Elza representou uma apresentação/aproximação às questões educacionais, despertando seu envolvimento crítico-reflexivo com o pensamento pedagógico. Talvez seja Elza uma das grandes inspiradoras

para que Paulo abandonasse a advocacia e abraçasse a Educação.[8]

Antes de seu casamento com Paulo Freire, e mesmo nos anos seguintes e anteriores ao exílio sob o governo militar no Brasil, Elza Freire viveu intensamente uma vocação de educadora que mais tarde, quando já mãe de cinco filhos e esposa de um educador exilado, ela devotou-se a uma vida mais caseira. No entanto, de acordo com o depoimento de Paulo Freire e, mais tarde, de suas filhas e filhos, a presença da esposa e as ideias da educadora foram essenciais na trajetória de vida de Paulo, antes, durante e depois dos longos anos de exílio do Brasil. Eis a sequência do depoimento de Spigolon:

> Elza aprofundou estudos; ampliou atividades; compôs equipes técnicas; fundou instituições; socializou conhecimentos; aliou teoria e técnica; discutiu questões político-pedagógicas sem se isolar do contexto da vida. O compromisso dela com a Educação, sua instrução e formação compreende questões sobre a discussão do ensino público no Brasil, dentro de uma perspectiva crítica e politizada, reflexiva e científica.[9]

Entre Recife, Jaboatão, Rio de Janeiro, Brasília, as cidades dos países do exílio e, após o retorno, São Paulo, Elza e Paulo Freire viveram juntos por 40 anos. Ainda no Nordeste eles tiveram dois filhos e três filhas, e elas seguiriam a vocação dos pais, tornando-se professoras.

---
8 SPIGOLON, Nima. *Pedagogia da convivência: Elza Freire – uma vida que faz educação*, p. 7.
9 *Ibid.*, p. 22.

Durante oito anos do início de sua carreira Paulo trabalhou no *Setor de Educação* do SESI do Recife. Partindo de suas próprias vivências como um estudante em boa medida autodidata, como um participante da *Ação Católica* e como um educador aberto, já de maneira crescente, às novas tendências pedagógicas do pós-guerra, Paulo Freire dedicou-se a um trabalho de formação de educadores de crianças, e da experiência de círculos de diálogos entre professores e pais de alunos.

> Anos depois, no Recife, quando trabalhava no Serviço Social da Indústria, SESI, passei uns quinze dias visitando diariamente morros e córregos das áreas populares. Entrei em tantas escolinhas populares quantas encontrei para conversar com professores ou professoras. O autoritarismo permanecia. Encontrei várias palmatórias onde se achava escrito, a canivete: "acalma coração".[10]

O período de vida anterior ao seu envolvimento com a Universidade do Recife e, sobretudo, os anos de trabalho no SESI são quase sempre secundarizados, quando alguém lembra a trajetória de formação e de atividades docentes de Paulo Freire. É preciso recordar, no entanto, que justamente entre o final dos anos 1950 e o começo dos anos 1960, vindas da Europa e, mais ainda, dos Estados Unidos, chegavam ao Brasil e em pouco tempo eram difundidas, teorias, propostas e práticas que entre a psicologia, o trabalho social e a

---

10 FREIRE, P. *Cartas a Cristina: reflexões sobre minha vida e minhas práxis.* São Paulo: Unesp, 2003, p. 86.

educação tinham a sua base num trabalho que saltava da individualidade de cada pessoa para os grupos e também as comunidades.

Entre outros, o psicoterapeuta e educador Carl Rogers, criador de uma das vertentes do "ensino centrado no aluno", exerceu uma forte influência na formação de quadros e na difusão de novas alternativas de ação social e pedagógica centrada no que veio mais adiante a ser o "círculo de cultura". Uma criação com a qual Freire buscou transformar a geografia "quadrada", vertical e hierárquica da educação, da escola e da sala de aula, em direção a uma arquitetura dialogicamente circular, horizontal e igualitária.

Lauro de Oliveira Lima, um outro homem do Nordeste do Brasil, foi um dos mais fecundos formadores de quadros com base na dinâmica de grupos. Movimentos de cultura do popular, dentre os quais se destaca o *Movimento de Educação de Base*, estabeleceram toda a sua didática em diálogos *de* e *entre* pessoas colocadas ao redor de grupos de educadores-educandos.

É bastante provável que Freire tenha vivido entre as manhãs e tardes do SESI do Recife as primeiras vivências pedagógico-dialógicas que mais adiante se tornariam um princípio de seu "sistema de educação".

3. De volta à universidade, como educador

É justamente sobre a educação que o professor escreve o seu primeiro estudo, com o qual ele se apresenta para concurso junto à Universidade do Recife, defendendo uma tese acadêmica com este título: *Educação e atualidade brasileira*. Um jovem que quase não conseguiu concluir os estudos escolares por causa das condições financeiras de sua família, ingressava afinal como um professor no mundo universitário.

Um mundo conhecido e, ao mesmo tempo, desconhecido e novo para ele. Um mundo com outras salas de aulas e com cenários de ensino, de pesquisas e de serviços de extensão social que ele viveu em diferentes cidades, primeiro do Brasil e, depois, de outros países do mundo. Logo no início de sua carreira docente, participou da criação do Serviço de Extensão Cultural da Universidade do Recife, e foi o seu primeiro diretor. Em janeiro de 1961, tomou posse da cadeira de Filosofia e História da Educação, e também neste ano assumiu um lugar no Conselho Estadual de Educação de Pernambuco.

Mas não foi por causa de uma atividade propriamente acadêmica e científica que Paulo Freire iria se envolver com a universidade e, através dela, com a vida do povo da qual ele não iria se separar nunca mais. Afinal, uma austera condição social "de pobre" estaria no começo de sua vida, e uma vocação de colocar-se a serviços dos pobres e excluídos estaria em seu destino. Assim, desde o começo de sua carreira como educador escolheu envolver-se com experiências no âmbito de uma pedagogia dedicada à alfabetização e à educação de jovens e adultos das camadas sociais mais pobres. Homens e mulheres deixados à margem do sistema de educação escolar, e tornados, quando adultos, os iletrados ou semialfabetizados, foram as pessoas a quem ele destinou o melhor de seu tempo e de seu saber.

Em uma de suas muitas cartas, qualifica a sua "prática" e estabelece diferenças no modo de usar o povo ou servi-lo. Ele está recebendo uma homenagem entre tantas. E, como de costume, remete ao coletivo, ao social, o mérito do que realizava. É também o momento em que com humildade declara como, através do que aprendeu com camponeses e operários urbanos, aos poucos deixou de ser um "intelectual pequeno burguês" e "renasceu" como um deles, um entre os do povo.

> Gostaria, na verdade, de falar de todas estas alegrias; da esperança que me empurra, que me chama, que me faz caminhar sempre e que não me permite aceitar a tentação da estabilidade. Gostaria de falar da minha prática que jamais me pertenceu em exclusividade, porque foi sempre social. Algumas palavras direi – palavras de homenagem e de sincera gratidão a camponesas e a camponeses mil, a trabalhadores urbanos de meu país e da América Latina, que me ensinaram, em minha prática com eles e com elas, a lição fundamental – a de que, se realmente se pretendia ser deles um educador, deles e delas teria de ser um educando também. Foi em minha prática com, jamais sobre, ou simplesmente para eles ou elas, que me "alfabetizei" no melhor sentido desta palavra. Isto é, foi em minha prática com eles e com elas que fui morrendo como intelectual pequeno burguês e "renascendo" pouco a pouco, como um, entre eles.

A eles e elas que me ensinaram a indispensabilidade e a radicalidade desta travessia que é um caminhar de todos os dias, mais do que a mim, lhes cabe este prêmio, que acabo de receber.[11]

E foi através de sua atuação como educador-alfabetizador que acabou sendo reconhecido pelas universidades e outros centros de ensino superior e de pesquisas do mais alto nível, aqui no Brasil e em todo o mundo. Em cerca de 20 anos ele colecionou inúmeros títulos e mereceu vários prêmios nacionais e internacionais pelo seu trabalho como educador. Ao longo de sua vida ele recebeu o título de Doutor Honoris Causa dedicado a ele por 50 universidades do Brasil e de vários outros países.

As ideias e as propostas pedagógicas de Paulo Freire para a criação de uma educação emancipadora seguem até hoje sendo o fundamento de trabalho de inúmeros educadores. E são também temas de inúmeros artigos científicos, livros pedagógicos, teses e simpósios de estudos sobre a educação, e sobre o seu lugar essencial na criação de pessoas conscientes e ativamente participantes na fundação de sociedades humanas livres, justas e equitativas.

Contam-se às centenas as dissertações em várias línguas sobre suas ideias e seus trabalhos. A bibliografia de estudos brasileiros e internacionais a respeito

---

11 COELHO, Edgar Pereira. *Pedagogia da correspondência: Paulo Freire e a educação por cartas e livros*. Brasília: Liber Livro, 2011, p.201, grifos do autor. (Uma das cartas do exílio escrita em setembro de 1975.)

da "obra de Paulo Freire" é uma das mais amplas dentre todas as que foram dedicadas a educadores do século XX.[12] Aqui entre nós e fora do Brasil não são poucas as instituições educacionais e as associações de estudantes ou de docentes que levam o seu nome. Existem vários centros e institutos "Paulo Freire" espalhados por vários países e dedicados ao aprofundamento e à difusão de seus ensinamentos e da educação popular.

No Serviço de Extensão Comunitária da Universidade do Recife, o professor e a sua "equipe nordestina" envolveram-se com os primeiros movimentos de cultura popular. Dois anos antes do começo da década de 1960, foi um dos relatores de um documento da Comissão Regional de Pernambuco a respeito da educação no Estado. Em *A educação de adultos e as populações marginais* ele já se revela como um inovador pensador progressista.

Logo no início de sua carreira como professor de universidade ele participa no Recife da fundação de um primeiro Movimento de Cultura Popular. E esta iniciativa pioneira será um modelo para vários outros movimentos e centros, que do Nordeste a Norte e ao Sul espalham-se por todo o Brasil.

---

12 Uma relação bastante criativa e completa de trabalhos *de* e *sobre* suas ideias pode ser encontrada nas páginas de *Paulo Freire: uma biobibliografia*, coordenado por Moacir Gadotti e editado através da parceria entre o Instituto Paulo Freire, a editora Cortez, o Ministério de Educação e a Unesco. Mas esta relação não é totalmente atualizada, pois a cada ano novos estudos sobre Paulo Freire seguem sendo publicados em todo o mundo. Até onde isto é possível, o próprio Instituto Paulo Freire tenta atualizar a relação bibliográfica brasileira e internacional.

Entre todas, a contribuição mais prática e conhecida do educador foi a criação de um método inovador para a alfabetização de jovens e adultos não escolarizados. Tantos anos depois merece ser lembrado que a primeira experiência com o novo "método de alfabetização" foi muito modesta. Ela foi vivida em uma pequena casa do *Movimento de Cultura Popular*, na periferia do Recife. Foram apenas cinco os primeiros alfabetizandos, e apenas três completaram o ciclo. Logo após, em outros lugares do Nordeste, entre Angicos e Mossoró, no Rio Grande do Norte e em João Pessoa, na Paraíba, novas pequenas equipes de alfabetizandos e de alfabetizadores reuniram-se em outros "círculos de cultura", ao redor de suas "fichas" e de suas "palavras geradoras".

A experiência mais marcante foi a de Angicos. Em 1962 o governador do Rio Grande do Norte convidou Freire e a sua equipe para testarem em uma região do sertão do Nordeste o novo método de alfabetização. A pequena cidade de Angicos foi escolhida, e ali se viveu ao redor de um novo e pioneiro "círculo de cultura" o recomeço de um trabalho que prometia alfabetizar adultos iletrados "em 40 horas".

Claro, a proposta de uma "alfabetização de adultos em 40 horas" previa um letramento dentro de um domínio de conhecimento e de habilitação que a Unesco considerava como "alfabetização elementar" ou "fundamental", aquela que levava a pessoa alfabetizanda a uma apropriação básica de conhecimentos de leitura e escrita. Muitas horas a mais seriam necessárias para que um alfabetizando passasse de um domínio "fundamental" ou "instrumental" a um domínio efetivamente "funcional". E a equipe nordestina já em seus primeiros esboços pensava em uma continuidade de formação de alfabetizandos através da oferta de uma "educação de jovens e adultos".

Da periferia de cidades do Nordeste e sobretudo de pequenas comunidades camponesas, a novidade do "Método Paulo Freire" em pouco tempo espalhou-se pelo Brasil e chegou a São Paulo, Brasília e Rio de Janeiro.

> Os resultados obtidos – 300 trabalhadores alfabetizados em 45 dias – impressionaram profundamente a opinião pública. Decidiu-se aplicar o método em todo o território nacional, mas desta vez com o apoio do Governo Federal. E foi assim que, entre junho de 1963 e março de 1964, foram realizados cursos de coordenadores na maior parte das capitais dos estados brasileiros (no Estado da Guanabara se inscreveram mais de 6.000 pessoas); igualmente criaram-se cursos nos Estados do Rio Grande do Norte, São Paulo, Bahia, Sergipe e Rio Grande do Sul, que agrupavam milhares de pessoas. O plano de ação de 1964 previa a instalação de 20.000 círculos de cultura, capazes de formar, no mesmo ano, mas de 2 milhões de alunos. Cada curso educava, em dois meses, 30 alunos.[13]

---

13 FREIRE, P. "Conscientização e alfabetização: uma nova visão do processo". In: *Revista de Estudos Universitários*. Recife, n. 93, 1964.
Idem. "Conscientização e alfabetização: uma nova visão do processo". In: BRANDÃO, C. R. *O que é o Método Paulo Freire*. São Paulo: Brasiliense, 1981, p. 19-20.

Após as experiências iniciais com o novo método de alfabetização, a equipe da SEC da Universidade do Recife foi chamada a Brasília pelo então ministro da educação, Paulo de Tarso Santos. Um novo desafio abria-se diante deles: implantar no país um Programa Nacional de Alfabetização. Pensar e pôr a funcionar um programa de alfabetização em escala nacional e estendê-lo sobretudo às regiões mais pobres e mais precárias quanto à educação, espalhando pelo Brasil os promissores resultados nordestinos com a aplicação do "Método Paulo Freire de Alfabetização".

4. Os dias escuros e os tempos do exílio

Quando o *Programa Nacional de Alfabetização* estava quase pronto para ser colocado em marcha, o golpe militar de 1964 o atropelou. Criado por decreto-lei em janeiro daquele ano, foi extinto em abril. Os movimentos de cultura popular foram de imediato colocados sob suspeita, assim como outros movimentos e frentes de mobilização e de luta no campo e na cidade. Paulo Freire foi levado à delegacia policial para "explicar-se", esteve preso por alguns dias, e depois foi exilado do Brasil.

Um pequeno e quase pitoresco fato ilustra bem o que foram "aqueles tempos". Relembro-o aqui. Para poder trabalhar com as "fichas de cultura", cujos desenhos deveriam ser apresentados aos adultos alfabetizandos antes do começo do trabalho de letramento, optou-se por um "projetor de *slides*" que seria manipulado pelo alfabetizador. Ele poderia ser também utilizado em momentos posteriores do trabalho de alfabetização.

Paulo Freire pessoalmente testou alguns modelos. Eles teriam que operar não com corrente elétrica, mas com querosene. E isto por uma razão elementar: a maior parte dos "cursos" seria realizada em pequenos recantos rurais em tempos em que a eletricidade chegava apenas a uma minoria de comunidades do campo. Havia um aparelho norte-americano, eficiente e muito caro. Foi revelado então um outro, um projetor polonês dez vezes mais barato. A equipe optou por esse. Ora, após a instauração do regime militar, o projetor de *slides* polonês foi apresentado na televisão brasileira como uma das provas de que a alfabetização idealizada pelo Ministério da Educação com o "Método Paulo Freire" era comunista, pois "até os projetores vinham de um país da Cortina de Ferro".

Penso que um outro pequeno e sugestivo acontecimento merece ser narrado aqui, para que se tenha uma ideia de como um regime político-militar não apenas exila educadores do país, mas busca por todos os meios varrer da memória e da história pessoas como Paulo Freire. Ele me envolve pessoalmente e foi testemunhado por várias outras pessoas participantes da reunião que narro a seguir.

Fomos surpreendidos, três ou quatro anos após o golpe militar, com um convite vindo do Ministério da Educação. Ele foi estendido a alguns educadores do país, quase todos reconhecidos como "pessoas de esquerda". Dialogamos entre nós para decidirmos coletivamente se deveríamos aceitar ou não o convite. Optamos por aceitá-lo, e praticamente todas as pessoas convidadas foram a Brasília.

A reunião foi aberta por uma professora de quem não recordo o nome e o rosto. Ela nos falou de projetos de "alfabetização e educação de adultos", e queria ouvir a opinião de educadores especialistas no assunto.

Ora, em minha viagem de avião a Brasília recortei de um jornal do dia uma pequena notícia que dava conta de que empresas dos Estados Unidos estavam utilizando "o método de alfabetização de um professor brasileiro, exilado: Paulo Freire". Ele estaria sendo projetado para alfabetizar e ensinar inglês a operários latino-americanos migrados para os Estados Unidos. Em um momento da tensa reunião, fiz referência a Paulo Freire. Antes de dar continuidade ao começo de meu depoimento, a coordenadora da reunião me interrompeu, quase aos gritos, e bradou: "Eu peço ao senhor, professor Carlos e a todos os presentes nesta reunião que não pronunciem o nome de Paulo Freire nem nesta sala e nem neste ministério!". Foi quando eu me lembrei do pequeno recorte do jornal. E então eu o tirei do bolso da camisa e li em voz alta a breve manchete dele. Disse então com humildade que me parecia estranho que o Ministério da Educação do Brasil proibisse sequer a menção ao nome e às ideias e propostas de Paulo Freire, um educador cujo "método de alfabetização" estaria sendo utilizado por empresas francamente capitalistas. E justamente no país que acolheu por alguns meses o exilado Paulo Freire e a sua família. País onde teria concluído o *Pedagogia do Oprimido*, sem temor algum de ser questionado, preso e exilado.

Com 43 anos, quatro filhos, uma carreira promissora pela frente, e o sentimento de que cada uma de suas palavras e gestos possuía agora um profundo sentido político, pedagógico, cultural e humano, Paulo Freire buscou asilo na Embaixada da Bolívia. E em seguida viajou com a família para o respectivo país, o primeiro que abriu para ele, Elza e os filhos, as portas de uma generosa acolhida fora do Brasil.

Era então o mês de setembro. Talvez num primeiro momento os exilados imaginassem que aquele seria um exílio acidental e breve. Que logo adiante, serenados os ânimos e reduzida a fúria dos militares e de seus aliados, os brasileiros vivendo fora do país seriam de novo chamados a voltar ao lar e ao trabalho. A família retornaria ao Brasil apenas entre 1970 e 1980, 13 anos após haver partido às pressas e "com a roupa do corpo".

Viver na altitude de La Paz afetou a saúde e Freire precisou, em pouco tempo, buscar um outro lugar para viver. Tão logo pôde, transferiu-se com a família para o Chile, e viveu em Santiago entre novembro de 1964 e abril de 1969. Logo após chegar ao novo país latino-americano de acolhida, ele recomeçou a trabalhar como o que sempre fora: um educador. Como ele mesmo disse e repetiu em várias ocasiões: há vocações que não conhecem fronteiras, e o trabalho em prol do povo não tem pátria, porque é de todas elas e de todos os povos da Terra.

No Chile conviveu com outros exilados brasileiros, dentre os quais lhe eram mais chegados Francisco Wefford, Ernani Maria Fiori e o poeta, Tiago de Mello. Ali, ele pôde finalmente realizar o que sonhou fazer no Brasil: participar de um programa de educação popular durante um tempo intenso e prolongado. Estabelecer metas, definir propostas, formar pessoas, acompanhar processos e avaliar resultados. Foi em Santiago um assessor do *Instituto de Desarrollo Agropecuário,* do Ministério da Educação. Durante um fértil período foi também consultor do *Instituto de Capacitación e Investigación en Reforma Agrária,* trabalho que realizou em nome da Unesco.[14] O Chile vivia os tempos do governo democrático de Eduardo Freire, seguido pelo breve e desafiador governo de Salvador Allende. E foi em um raro clima de liberdade e de criatividade social que várias experiências renovadoras no campo da ação social e da educação foram, em pouco tempo, levadas a efeito. Porém, não de forma duradoura. Em 1973 o sangrento golpe militar liderado pelo general Augusto Pinochet destruiu em poucos meses as bases de uma das tentativas mais promissoras de transformação social no continente sul-americano.

---

14 Vários anos mais tarde, Augusto Nibaldo Silva Triviños e Balduino Antônio Andreola publicaram um livro dedicado às experiências de dois brasileiros exilados no Chile: Ernani Maria Fiori e Paulo Freire. O livro foi publicado pela editora Ritter dos Reis, de Porto Alegre, em 2001, e tem o nome *Freire e Fiori no exílio: um projeto pedagógico-político no Chile.*

Uma poética referência de Paulo Freire recorda os seus "tempos de Chile":

> Um sonho que tenho, entre um sem-número de outros, é "semear" palavras em áreas populares, cuja experiência popular não seja escrita, quer dizer, áreas de memória preponderantemente oral. No Chile, quando lá vivi no meu tempo de exílio, os "semeadores de palavras" em áreas de reforma agrária foram os próprios camponeses alfabetizandos, que as "plantavam" nos troncos das árvores, às vezes, no chão dos caminhos.[15]

Freire não assistiu à desastrosa queda do governo democraticamente socialista de Salvador Allende. Completado o seu tempo de trabalho como um educador exilado no Chile, ele se transferiu com a família para os Estados Unidos. Não seria ainda o último país de acolhida e nem o último continente de sua peregrinação fora do Brasil. Viveu em Cambridge, Massachusetts, menos de um ano, dando aulas de educação e, pela primeira vez, levando suas ideias a um país mais distante. Foi nos primeiros anos de exílio que escreveu *Pedagogia do Oprimido*. Meses mais tarde a família exilada recebeu um convite que os levaria à Europa e à cidade de Genebra, na Suíça. Foi convidado para trabalhar no setor de educação do *Conselho Mundial de Igrejas*, uma instituição de integração entre igrejas evangélicas.

---

15 TRIVIÑOS, A. N. S.; ANDREOLA, A. B. *Freire e Fiori no exílio: um projeto pedagógico-político no Chile*. Porto Alegre: Ritter dos Reis, 2001, p. 174. Há a seguinte indicação dos autores, ao final da citação: (a educação na cidade, p. 23).

Essa longa experiência de estudos, diálogos e trabalhos que tomou quase todo o seu tempo de exílio, desde 1969 até o seu retorno ao Brasil, quase dez anos depois, estenderia ao educador brasileiro um duplo sentido de "cidadania mundial". Ele foi levado a viajar continuamente entre os cinco continentes. Visitou e dialogou com educadores de inúmeros países e de diferentes vocações da educação. Nações recém-libertadas da África o receberiam em muitas ocasiões, e a influência do que entre elas se viveu, pensou e praticou haveria de ser muito importante em sua vida, de então em diante.

Em diferentes momentos esteve falando sobre as suas ideias e propostas diante de pessoas de países e de línguas distantes. Em alguns desses países, ele e sua equipe de também exilados, tiveram a oportunidade de estender a contribuição de seu "método" a programas de alfabetização e de outros níveis de educação de jovens e de adultos. Algumas dessas experiências foram postas por escrito, como em *Cartas a Guiné-Bissau*.

Uma palavra entre outras logo adiante passou a fazer parte de seu vocabulário de todos os dias: a saudade. Talvez poucos exilados tenham convivido com ela com a intensidade com que habitou Freire.

> Saudade é exatamente a falta da presença. Saudade era a falta da minha rua, a falta das esquinas brasileiras, era a falta do céu, da cor do céu, da cor do chão, o chão quando chove, o chão quando não

> chove, da poeira que levanta no Nordeste quando a água cai em cima da areia, da água morna do mar. Eu tinha que reprimir essa saudade. E mesmo para criar, eu precisava ter essa saudade comportada.[16]

E de longe escreve ao amigo de velhos temos, e pergunta:

> Como esquecer? Como esquecer o nosso futebol!? ...Como esquecer as retretas?... Como esquecer Benedito?... Como esquecer as cantorias, as serenatas?... Como esquecer Dona Cila Brandão me ensinando as funções sintáticas do se!? Como esquecer os meus sonhos de menino, o romantismo de meus primeiros amores!? Como esquecer os almoços, que Mãe Lula e Maria preparavam tão amorosamente!? Como esquecer!?...[17]

Os seus estudos e livros começaram a ser traduzidos para as mais diferentes línguas. E de então em diante não será mais viável o pensar uma educação libertadora e transformadora sem trazer ao debate as ideias de Paulo Freire. Não seria esta a primeira vez em que uma pessoa de ação e de pensamento precisou ser exilada de sua nação para voltar um dia a ela, depois de tornar-se uma referência em muitos outros países.

Anos após o seu retorno ao Brasil, em uma entrevista vivida com Frei Betto, Paulo Freire lembrava o que foram os longos anos de exílio, e procurava

---

16 BARRETO, V. *Paulo Freire para educadores*. São Paulo: Arte e Ciência, 1998, p. 42.
17 COELHO, E. P. *Pedagogia da Correspondência: Paulo Freire e a educação por cartas e livros*. Brasília: Liber Livro, 2011, p. 201. (Carta a Dino, datada de 19 de setembro de 1972.)

tirar deles o seu melhor proveito. Eis o que ele disse em uma entrevista:

> Para mim o exílio foi profundamente pedagógico. Quando, exilado, tomei distanciado Brasil, comecei a compreendê-lo melhor.
> Foi exatamente ficando longe dele, preocupado com ele, que me perguntei sobre ele. E, ao me perguntar sobre ele, me perguntei sobre o que fizeram com outros brasileiros, milhares de brasileiros da geração jovem e da minha geração. Foi tomando distância do que fiz, ao assumir o contexto provisório, que pude melhor compreender o que fiz e pude melhor me preparar para continuar fazendo algo fora do meu contexto e também para me preparar para uma eventual volta ao Brasil.[18]

5. O retorno do educador exilado

Em junho de 1979, Freire retornou com um passaporte provisório ao Brasil para definir os termos de sua volta ao país. Quando em junho de 1980, já de volta com a família, estabeleceu-se em São Paulo. Recebeu então um convite para ser professor da *Pontifícia Universidade Católica de São Paulo*, uma universidade que durante os anos 1960 tornou-se conhecida como um dos principais centros de resistência intelectual e militante aos governos militares.

Em 1964 Paulo Freire foi demitido de seus cargos na *Universidade do Recife* pelo governo militar instaurado.

---
18 BETTO, F.; FREIRE, P. *Essa escola chamada vida*. São Paulo: Ática, 1985, p. 56.

Em junho de 1980 ele retomou à sua vida de professor universitário no Brasil, primeiro na PUC de São Paulo e, depois, na Faculdade de Educação da *Universidade Estadual de Campinas*. Tal como aconteceu no início de sua carreira em Pernambuco, também em São Paulo, não limitou o seu trabalho como educador ao âmbito da pesquisa e do ensino superior. Ao contrário, a sua vocação continua a ser dedicar-se à alfabetização e à educação de qualidade junto às pessoas deixadas à margem da vida e da escola. Sua fidelidade mais intensa continuará sendo para com os grupos e movimentos populares. Já adoentado, quantas vezes deixaria o conforto de São Paulo e as salas da PUC e da Unicamp para ir conviver suas ideias e seus projetos com lavradores assentados da Reforma Agrária, em algum recanto rural distante das cidades.

Recordo um acontecimento de que fui testemunha. O acompanhei em sua primeira longa viagem no Brasil. Viajamos juntos de avião desde São Paulo até Goiânia. Íamos participar de um *Congresso Nacional de Supervisores de Educação*. Ele faria a palestra de abertura, e eu participaria de uma mesa redonda no dia seguinte.

No meio da viagem tocou o meu braço e me disse: "Não faça alarde e não diga nada a ninguém, mas eu não estou me sentindo bem". Preocupado, respondi a ele que o melhor seria chamar uma aeromoça. Ele respondeu que não, pois elas nada teriam a fazer em seu caso. E disse que ia fechar os olhos, descansar. E que quando chegássemos em Goiânia, de imediato ele fosse levado a um lugar para descansar, longe de entrevistas e de homenagens.

Assim foi feito. Lembro-me da preocupação das pessoas que o receberam, algumas chegaram a sugerir que ele fosse levado a um hospital. Freire recusou e nos disse que queria apenas descansar "uma meia hora", e que estaria pronto para a sua fala no começo da noite.

E assim foi. Horas mais tarde, diante de um auditório lotado, eu o acompanhei proferindo uma entusiasmada (como sempre) palestra, como se nada houvesse acontecido antes.

Um convite da *Prefeitura do Município de São Paulo* devolveu o educador aos caminhos e horizontes traçados no Recife, num distante 1961. Em 1º de janeiro de 1989, foi empossado como Secretário de Educação do município de São Paulo, através de um convite da prefeita Luiza Erundina, também nordestina "migrada para São Paulo". Deixo a Ana Maria Araújo Freire um relato sobre o breve e fecundo período em que ele esteve no cargo.

> Suas decisões políticas, nascidas de sua própria teoria e de suas práticas de educador pelo mundo – não seria exagero dizer do mundo – como também nascidas da práxis educativa das pessoas da equipe técnica que o assessorou, as quais traduziam a vontade e a necessidade das comunidades, marcaram, indelevelmente, a educação da rede de ensino do município e São Paulo.
> Assim, "seu" trabalho foi profícuo, "mudando a cara da escola", como costuma dizer. Reformou as escolas, entregando-as às comunidades locais

dotadas de todas as condições para o pleno exercício das atividades pedagógicas. Reformulou o currículo escolar para adequá-lo também às crianças das classes populares, e procurou capacitar melhor o professorado em regime de formação permanente. Não se esqueceu de incluir o pessoal instrumental da escola como agente educativo, formando-o para desempenhar adequadamente tal tarefa. Eram os vigias, as merendeiras, as faxineiras, as(os) secretários(as) que, ao lado de diretores(as), professores(as), alunos(as) e pais de alunos, faziam do ato de educar um ato de conhecimento, elaborado em cooperação a partir das necessidades socialmente sentidas.[19]

Paulo Freire e a sua nova equipe trabalharam intensamente na criação de um MOVA – *Movimento de Alfabetização* – em São Paulo. Em incontáveis locais populares da cidade de São Paulo e de sua periferia, um amplo programa solidário de educação de jovens e de adultos foi posto em marcha. Seu método de alfabetização, revisto e melhorado com a contribuição de outros especialistas em alfabetização e em educação de adultos, voltou a ser trabalhado anos após as primeiras experiências do Nordeste.

De São Paulo para outras regiões de Brasil a experiência inovadora do MOVA iria se multiplicar de tal sorte que até hoje dia em dia várias municipalidades buscam no MOVA a escolha para programas governamentais de alfabetização e de educação de jovens e adultos.

---

19 GADOTTI, M. *et al. Paulo Freire: uma biobibliografia*. São Paulo: Cortez; Unesco, 1996, p. 47.

Em outubro de 1986, perdeu Elza Freire, a companheira de vida, de educação e de exílio. Lembro como em vários momentos de sua vida, o professor confessou o quanto devia a Elza a correção e o aprofundamento de algumas de suas ideias e, principalmente, de suas propostas de trabalho pedagógico.

Em março de 1988, casou-se novamente. Reencontrou em São Paulo, agora como uma colega de trabalho na *Pontifícia Universidade Católica*, Ana Maria de Araújo. Era filha de Aluízio Araújo, o professor que facultara ao "menino Paulo" a conclusão de seus estudos escolares. Freire e Ana Maria de Araújo haviam sido amigos de infância e de adolescência. Se reencontraram muito anos mais tarde no mestrado em Educação da PUC São Paulo.

Ao lado de "Nita", como ele a chamava, viveu os últimos anos de sua vida até nos deixar em 2 de maio de 1997. Um dia após a sua morte, um jornal diário de Pernambuco publicou uma carinhosa caricatura. Um homem de longos cabelos brancos e barbas brancas, como um velho de olhar jovem e doce, estava sentado numa cadeira apoiada em uma nuvem. Dois pequeninos anjos-crianças estavam sentados em suas pernas. Com um livro nas mãos brancas de giz ele ensinava os pequenos anjos a ler.

Tinha então 76 anos, estava doente e cansado e parecia ter mais idade. Viveu cada dia dos últimos meses com a doação e a lucidez de quem tivesse muito menos. Pouco antes de falecer estava presente em um assentamento de reforma agrária no Rio

Grande do Sul. Dois ou três dias antes de partir estava ainda trabalhando em sua sala no Instituto Paulo Freire.

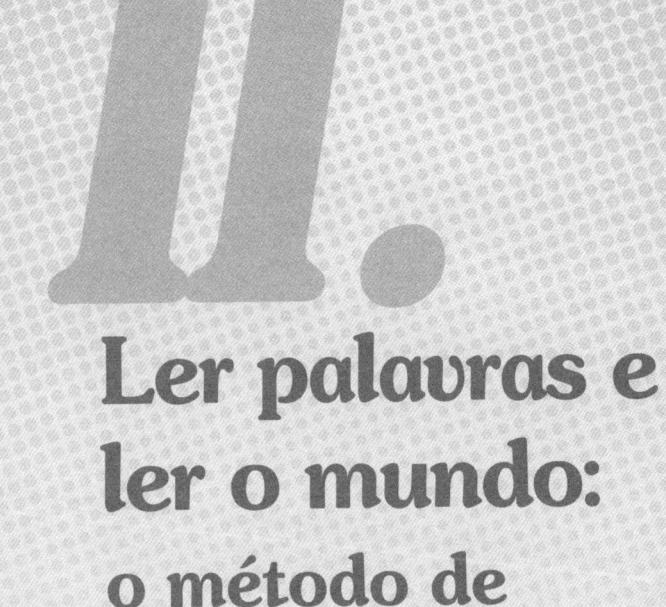

II.
Ler palavras e ler o mundo:
o método de alfabetização Paulo Freire

Entre muitos educadores e educadoras, Paulo Freire é conhecido por haver criado um inovador "método de alfabetização", juntamente com a sua primeira "equipe nordestina". Na verdade, o seu "método" é tão somente um procedimento didático dirigido a uma atividade básica na educação. No entanto, já em seu procedimento, continha os fundamentos de um "Sistema Paulo Freire de Educação" do qual falarei em outro tópico deste livro.

É dessa maneira que num dos seus primeiros escritos sobre os trabalhos de alfabetização de adultos dentro dos marcos da educação libertadora e da cultura popular, Freire sintetiza os passos necessários à realização de seu método de alfabetização originalmente pensado para trabalhos com jovens e adultos lembrando que ele deve ser praticado como uma alternativa de educação centrada em reintegrações perdidas em outros métodos. Essas integrações essenciais são:

1) A da alfabetização no todo de um processo contínuo e permanente de educação que deveria acompanhar a pessoa por toda a vida;
2) A de uma educação inserida no todo da cultura da qual, como um sistema simbolicamente social, ela faz parte, interagindo com vários outros de seus domínios, em uma sociedade e entre sociedades;

3) A que existe entre a pessoa que ensina e a pessoa que aprende, como sujeitos de um mesmo processo, enquanto participantes ativos, dialógicos e culturalmente igualados, na qualidade de integrantes de uma "turma de alunos" transformada em uma "equipe de estudantes" reunidos em um "círculo de cultura" desde onde eles criam coletivamente e se apropriam individualmente de seu próprio saber;
4) A de uma comunidade aprendiz não apenas num "círculo de cultura", mas no correr da vida cotidiana de sua comunidade, através de um repensar crítico e criativo sobre a sua condição social, associada a um envolvimento crescente com as alternativas de sua transformação.

Uma ideia matriz na proposta de Paulo Freire e seus companheiros de alfabetização germinaria no Nordeste e o acompanharia ao longo da vida. Não se trata apenas de tratar "os adultos alfabetizandos como adultos". Há um passo além e ele está, primeiro, em uma acolhida profundamente igualitária e respeitosa de quem quer que se apresente para aprender algo. Tomá-lo como um ser de seu saber e tornar a relação mais igualitária possível.

> Uma coisa que fica em mim, como pessoa e como educador, quer pensando a prática educativa quer fazendo prática educativa é um profundo respeito à figura do educando, ao gosto do educando e à formação do educando.[20]

---
20 COELHO, E. P. *Pedagogia da correspondência: Paulo Freire e a educação por cartas e livros*. Brasília: Liber Livro, 2011, p. 25-26.

Como foi pensado então e como "funciona" o *Método de Alfabetização Paulo Freire*? Deixemos que ele mesmo nos conte.

> Ao invés da escola noturna para adultos, em cujo conceito há certas conotações um tanto estáticas, em contradição, portanto, com a dinâmica do trânsito, lançamos o círculo de cultura. Como decorrência, superamos o professor pelo coordenador de debates. O aluno pelo participante do grupo. A aula, pelo diálogo. Os programas propõem situações existenciais, capazes de, desafiando os grupos, levá-los, pelos debates das mesmas, a posições mais críticas.[21]

Procuremos por um momento imaginar como este novo "método" foi pensado para ser praticado e vivido. Figuremos por um momento um lugar de estudos em que os alunos não estejam sentados um diante ou atrás dos outros, e enfileirados em colunas e linhas. Ali as pessoas habitam uma arquitetura "quadrada", em que cada uma vê as costas de outras e todas estão colocadas diante de uma única pessoa voltada de frente para elas: a professora.

Imaginemos uma arquitetura "redonda", em que ao redor de um círculo todas as pessoas presentes estejam ao umas ao lado das outras, e situadas à mesma distância de um centro.

Imaginemos uma "aula" que ao invés de opor um "professor que sabe" a uma "turma de alunos que não sabe" – ou é levada a pensar que não sabe

---

21 GADOTTI, M. *et al. Paulo Freire: uma biobibliografia*. São Paulo: Cortez; Unesco, 1996, p. 115.

– dispõe lado a lado uma ativa equipe de pessoas diferentes em seus saberes, mas nunca desiguais no que sabem. Pessoas diversas que trazem para o coletivo os saberes de suas vivências – a sabedoria da vida. E então dialogam uma com as outras, pessoas reunidas ali para trocarem saberes e aprenderem umas com as outras; umas através das outras.

Eis uma situação em que "quem ensina sempre aprende também", e na qual "quem aprende sempre tem algo a ensinar". Um lugar onde ninguém ensina a ninguém, mas todos aprendem com e entre todos. E se ensinam e aprendem na mesma medida em que dialogam e partilham os seus saberes, os seus valores, as suas sensibilidades, as suas experiências de vida. Uma situação em que um "monitor", um "alfabetizador", uma "professora" pode (e deve) em alguns momentos tomar a iniciativa e propor o que sabe, seja aportando um novo conhecimento, seja conduzindo o andar dos trabalhos dos grupos. Mas uma situação em que "quem educa, convida e dialoga" a partir do que se vive e cria e, não, do que se programa antes e se impõe. Imaginemos uma "educação alfabetizadora" em que ao invés de se aprender apenas a ler e escrever palavras de uma maneira instrumental e mecânica, aprende-se a dialogar com os outros "ao vivo e a cores". E aprende-se também com os textos escritos que as pessoas, passo a passo, conseguem decifrar. Nesse formato de educação, aprende-se a ouvir e a falar, ao mesmo tempo em que se aprende a ler e a escrever. Aprende-se a "dizer a sua palavra", como gostava de repetir Paulo Freire, ouvindo e aprendendo com a palavra do outro.

E, assim, aprende-se a ler de maneira ao mesmo tempo dialogicamente interativa e individualizadamente pessoal. Uma maneira crítica e criativa, a verdade da realidade da vida que se vive. Um aprendizado dirigido a compreender como é de fato o mundo que "aqui se vive", e como ele poderia ser transformado para ser melhor, mais humano e mais feliz de forma partilhada. Imaginemos um lugar onde a educação esteja dirigida não apenas à mente e à racionalidade das pessoas, mas ao "todo" de cada uma delas. Como isto é possível? Freire foi um dos ativos divulgadores da ideia de que não só aprendemos uns com os outros, mas aprendemos envolvendo em cada encontro o todo de tudo o que somos.

Se resolvermos trabalhar por um momento com a letra "s" do alfabeto, poderemos lembrar que aprendemos com as nossas *sensações* (visão, audição, olfato, tato e tudo o mais), com as nossas *sensibilidades* (afetos, emoções, sentimentos), com os nossos *saberes* (tudo o que aprendemos antes e integramos em nós como "aquilo que sabemos"), com os nossos *sentidos* de vida (os valores, os princípios, os preceitos que nos dizem quem somos, como devemos ser e como devemos conviver; com os nossos *significados* (as ideias que temos sobre o mundo em que vivemos e sobre como ele deveria ser); e com as nossas *sociabilidades* (a nossa vocação de vivermos coletivamente em um mundo e de recriarmos juntos o mundo em que vivemos). Enfim, aprendemos o tempo todo com o todo que somos: corpo e espírito, razão e imaginação, racionalidade e sentimento, individualidade e partilha com os outros.

Imaginemos um professor que ao invés de chegar diante de seus alunos com uma cartilha já toda ela escrita, trazida de longe, e com uma aula "pronta", disponha-se a trabalhar com os outros "participantes do círculo" a partir de um material de estudo que eles próprios prepararam como um primeiro momento de sua alfabetização. Um material constante de palavras e imagens, que fale a linguagem da cultura do lugar, e que tenha tudo a ver com as vivências e os problemas da vida cotidiana das mulheres e dos homens "daqui".

Algo que ao invés de "Eva viu a Uva", fosse "Vera viu a Vida".

Assim, na versão original do Método Paulo Freire de Alfabetização, o grupo de alfabetizandos antes de aprender a ler, torna-se uma pequena equipe de pesquisadores de seu próprio mundo local. Essa equipe é incentivada a percorrer ruas, casas e praças (quando houver) do lugar onde moram os seus participantes, e apenas "puxar uma conversa". Uma conversa como tantas outras, mas com uma notável diferença. Agora cada um dos futuros "decifradores de letras e de palavras" será convidado a guardar de memória as palavras que lhe pareçam mais frequentes, mais importantes. Enfim, as mais lembradas.

Quando de novo todas e todos se reúnem no *Círculo de Cultura* cada alfabetizando relata as palavras que ouviu e guardou. Eis a matriz do começo de um trabalho de "alfabetização participante". Eis uma pequena e fecunda amostra do que veio a ser mais tarde a "pesquisa participante".

Selecionadas algumas palavras dentre todas, as mais lembradas e repetidas, e também as mais adequadas ao desdobramento que se seguirá, a alfabetizadora terá diante de si um conjunto de: "palavras geradoras", "vocábulos geradores".

Mas ainda antes de o trabalho de letramento a partir do desdobramento das "palavras geradoras" começar, os componentes do círculo são convidados a participarem de um debate. Um diálogo provocado pela apresentação diante deles de algumas imagens: as "fichas de cultura". Elas receberam de Paulo Freire esse nome porque é essencialmente da *cultura* que se trata.

As pessoas do círculo são incentivadas a comentarem o que vêm em uma imagem, e como imaginam o que "quer dizer" sobre o que está desenhado nela. E então, passo a passo, orientadas pela pessoa que anima e coordena o grupo, elas conjuntamente dialogam ao redor de quem são, de como vivem, e de como o "ser assim" e "assim viver" criam em sua origem e recriam a cada momento um mundo humano: um "mundo de cultura".

Eles desvelam, conversando, a descoberta de que são seres criadores de cultura e, por isso, partilham a experiência do ser humano sobre a Terra. Aprendem que culturas são múltiplas, e são diferentes em seus termos próprios. Mas não são desiguais umas diante das outras.

Deixemos que Freire nos apresente sumariamente as fases de preparação de seu método, em cada situação em que ele irá ser posto em prática.

1) Levantamento do universo vocabular do grupo.
2) Seleção, neste universo, dos vocábulos geradores.
3) Criação de situações existenciais típicas do grupo que vai se alfabetizar.
4) Criação de fichas-roteiro, que auxiliam os coordenadores de debate no seu trabalho.
5) Feitura de fichas com a decomposição das famílias fonêmicas correspondentes aos vocábulos geradores.[22]

A educadora Ana Maria Araújo Freire nos ajudará a completar a listagem das fases iniciais do método de alfabetização. Eis como Nita Freire descreve o que acontece então:

> As atividades de alfabetização exigem a pesquisa do que Freire chama "universo vocabular mínimo" entre os alfabetizandos. É trabalhando este universo que se escolhem as palavras que farão parte do programa. Essas palavras, mais ou menos 17, chamadas "palavras geradoras", devem ser palavras de grande riqueza fonêmica e colocadas, necessariamente, em ordem crescente, das menores para as maiores dificuldades fonéticas, lidas dentro do contexto mais amplo da vida dos alfabetizandos e da linguagem local, que por isto mesmo é também nacional.
>
> A decodificação da palavra escrita, que vem em seguida à decodificação da situação existencial

---

22 GADOTTI, Moacir *et al. Paulo Freire: uma biobibliografia*. São Paulo: Cortez; Unesco, 1996, p. 119-120.

codificada, compreende alguns passos que devem, rigorosamente, se suceder.

Tomemos a palavra TIJOLO, usada como a primeira palavra em Brasília, nos anos 1960, escolhida por ser uma cidade em construção, para facilitar o entendimento do(a) leitor(a).

1º) Apresenta-se a palavra gerador "tijolo" inserida na representação de uma situação concreta: homens trabalhando numa construção;

2º) Escreve-se simplesmente a palavra

TIJOLO

3º) Escreve-se a mesma palavra com as sílabas separadas

TI – JO – LO

4º) Apresenta-se a "família fonêmica" da primeira sílaba

TA – TE – TI – TO – TU

5º) Apresenta-se a "família fonêmica" da segunda sílaba

JÁ – JE – JI – JO – JU

6º) Apresenta-se a família fonêmica da terceira sílaba

LA – LE – LI – LO – LU

7º) Apresentam-se as "famílias fonêmicas" da palavra que está sendo decodificada

TA – TE – TI – TO – TU

JA – JE – JI – JÔ – JU

LA – LE – LI – LO – LU

Este Conjunto de "famílias fonêmicas" da palavra geradora foi denominado "ficha de descoberta" pois ele propicia ao alfabetizando juntar os "pedaços", isto é, fazer dessas sílabas novas combinações fonêmicas que necessariamente devem formar palavras da língua portuguesa.

8º) Apresentam-se as vogais:

A – E – I – O – U

Em síntese, no momento em que o(a) alfabetizando(a) consegue articular as sílabas, ele ou ela está alfabetizado(a). O processo requer, evidentemente, aprofundamento, ou seja, pós-alfabetização.

A eficácia e a validade do "Método" consistem em partir da realidade do alfabetizando, do que ele já conhece, do valor pragmático das coisas e fatos de sua vida cotidiana, de suas situações existenciais. Respeitando o senso comum e dele partindo, Freire propõe a sua superação.

O "Método" obedece às normas metodológicas e linguísticas, mas vai além delas, porque desafia o homem e a mulher que se alfabetizam a se apropriarem do código escrito e a se politizarem, tendo uma visão de totalidade da linguagem e do mundo. O "Método" nega a mera repetição alienada e alienante de frases, palavras e sílabas, ao propor aos alfabetizandos "ler o mundo" e "ler a palavra", leituras, aliás, como enfatiza Freire, indissociáveis. Daí ter vindo se posicionando contra as cartilhas.[23]

Um depoimento vindo de Goiás revela uma das primeiras experiências com o "método" na alfabetização de crianças desescolarizadas.

> A convite de Dom Tomás Balduino, assumi um trabalho com o menino, a quem chamavam de menor abandonado. O trabalho foi o resultado de uma pesquisa participante, que o Brandão nos ajudou a pensar e que resultou em um pedido da Escola para quem não tinha condições de estudar. Depois de cair os cabelos da cabeça e esquentar os miolos com a prática da alfabetização pelo método global que adquirira na província, e

---

23 FREIRE, A. M. A. "A voz da esposa: a trajetória de Paulo Freire". In: GADOTTI, Moacir (Org.). *Paulo Freire: uma biobibliografia*. São Paulo: Instituto Paulo Freire; Unesco; Cortez, 1996, p. 38-40.

o início nos tristes anos de 1964, do trabalho no MGB do Pará, com a equipe que assumia a prática em Goiás, decidimos, (que ousadia) associar o Método Global ao método de Paulo Freire para alfabetizar crianças. Loucura? Sim. Mas deu certo! A beleza de seu método entre outras, é de a gente às vezes furá-lo e no fim, dá certo, não é? Isso se faz com todo o respeito? Sim.[24]

---

24 COELHO, E. P. *Pedagogia da correspondência: Paulo Freire e a educação por cartas e livros*. Brasília: Liber Livro, 2011, p. 131. (Carta da Irmã Maria R. Velo Andrade, datada de 4 de fevereiro de 1984.)

III.
A cultura popular e os movimentos de cultura popular

No ano de 1960, o início da "década que não acabou", esboços de novas ideias e propostas de ação social através da cultura e da educação junto às classes populares emergiram no Brasil e se difundiram pela América Latina.

Nos documentos pioneiros do começo dos anos 1960, a ideia de uma nova *Cultura Popular* irrompeu como uma alternativa pedagógica de trabalho político que partia da cultura e se realizava através da cultura em suas diferentes vocações. Entre elas, a educação.

É a ideia mais ampla de *Cultura Popular*, é o que centra as diferentes propostas de ações sociais não mais "para o povo", mas "a partir do povo" e "a serviço de causas populares". Falava-se então em *arte popular*, em *literatura popular*, em "*teatro do oprimido*", e também em *alfabetização popular* e, por extensão, em *educação popular*.[25]

Como uma decorrência dessa ampla e nem sempre clara e definida proposta de pensamento e de ação social através da cultura, foram criados os primeiros *movimentos de cultura popular* em algumas regiões do Brasil.

---
25 Aqui é importante relembrar o nome de Augusto Boal. Este outro homem do Nordeste criou e difundiu pelo Brasil o *Teatro do Oprimido*. Até hoje existem, espalhados por boa parte do mundo, grupos dedicados ao teatro do oprimido. Os escritos de Augusto Boal foram recentemente reunidos e republicados.

Uma leitura dos diferentes – e polêmicos – documentos de época, reunidos em *Cultura popular, educação popular: memória dos anos 60*, um livro organizado por Osmar Fávero, tornaria evidente a ideia de que, apesar de divergentes em alguns pontos essenciais, as iniciativas reunidas nos e como *movimentos de cultura popular* dos cinco primeiros anos da década dos anos 1960, partiam de uma releitura de crítica política da sociedade e das culturas brasileiras.

De uma maneira, em seu tempo, muito motivada politicamente, eles repensariam o que deveria caracterizar as interações entre aqueles que escrevem teoria e estabelecem propostas de ação cultural – inclusive no campo da educação – e os sujeitos populares criadores de cultura. Uma "cultura popular" antes compreendida e investigada como "folclore" passou a ser pensada também como a expressão da vida e do próprio ser das diferentes modalidades de "povos do povo brasileiro".

Situados no intervalo entre o mundo das artes e o das universidades, sobretudo, entre os "movimentos estudantis", diferentes projetos dos *movimentos de cultura popular* pretendiam ir além de uma simples democratização da cultura, ou de uma ilustração cultural das camadas populares, através de programas tradicionais de *educação de adultos*.

O fundamento estava na ideia de que trabalho de transformar e significar o mundo em que vivemos é o mesmo que transforma e significa o próprio homem. Como uma prática sempre coletiva e socialmente significativa, ele se realiza através de ações culturalmente tidas como necessárias e motivadas. Assim, a própria sociedade em que o *homem* se converte em um *ser humano*, é parte da(s) cultura(s), no sentido mais amplo que se possa atribuir a esta palavra.

Também a consciência do homem é uma construção social que constitui e realiza a história o trabalho humano ao agir sobre o mundo, enquanto age significativamente sobre si mesmo. E, também em Freire, a consciência se apresenta como aquilo que permite ao ser humano não apenas conhecer, como os animais, mas conhecer-se conhecendo. Algo, portanto, que lhe faculta transcender simbolicamente o mundo da natureza de que é parte e sobre o qual age, e inserir-se no mundo da cultura que o seu trabalho material, social e simbólica cria.

> Observe-se ainda, a partir destas relações do homem com a realidade e nela criando, recriando, decidindo, que ele vai dinamizando o seu mundo. Vai dominando a realidade externa. Vai acrescentando a ela algo de que é mesmo o fazedor. Vai temporalizando espaços geográficos. Faz cultura. E é ainda o jogo dialético de suas relações com que marca o mundo refazendo-o e com que é marcado que não permite a "estaticidade" das sociedades nem das culturas.[26]

Se por toda a parte existe na sociedade capitalista, desigual e excludente, uma *invasão cultural* do

---
26 FREIRE, P. "Conscientização e alfabetização: uma nova visão do processo". In: FÁVERO, O. *Cultura popular, educação popular: memória dos anos 60*. Rio de Janeiro: Graal; Paz e Terra, 1985, p. 102.

polo erudito/dominante sobre a *cultura popular*, um projeto de ruptura social da desigualdade, da injustiça e da marginalização de pessoas e comunidades populares deveria possuir uma dimensão culturalmente emancipatória.

Aquele foi o momento em que as propostas de *cultura popular* dos anos 1960 geraram uma ousada inversão no que então se pensava como sendo "o processo da cultura". E aquela foi uma ruptura inovadora que repensou o processo da cultura e a prática da educação em seu interior como uma contribuição inovadora e insurgente na questão da participação de intelectuais militantes e "comprometidos com o povo", no bojo de um "projeto popular de sua libertação".

A construção de uma história de busca da reconciliação entre os homens, e da liberdade entre os seres humanos, não dispensa uma insurgente ação social de teor político no domínio também da cultura. Isso porque ao lado de iniciativas de organização e participação de atores populares em um plano mais diretamente político, acreditava-se então que deveria haver todo um amplo trabalho popular a ser realizado sobre a cultura e através da cultura.

Assim como um "momento da história" pode ser o da tomada do poder por grupos sociais opressores, hegemônicos e colonizadores, que sujeitam as estruturas de poder e de economia assim como os processos sociais de criação e difusão de uma cultura segundo os seus interesses, um outro momento da mesma história humana poderia (e deveria) ser o da conquista de um novo poder que recuperasse as verdadeiras e essenciais dimensões perdidas, juntamente com as vocações de relações humanas, de fato humanizadas e humanizadoras. E isto não somente para o povo, mas para todos os seres humanos.

Na linguagem peculiar dos documentos dos primeiros tempos da década dos anos 1960, uma *ação cultural* através também da *educação* incentivaria e instrumentalizaria de modo conscientizador o povo, com o propósito de que ele se tornasse consciente de seu valor humano através de seu trabalho de criador da cultura. Consciente de sua condição de sujeito subalterno. Mas consciente também de seu poder de transformação de si-mesmo e de sua sociedade, a partir de uma nova compreensão de sua cultura.

Uma educação que, em termos caros a Paulo Freire, para além de ensinar pessoas a apenas lerem e repetirem palavras, ousasse ensiná-las a "pensar com a própria cabeça"; a criar a sua "leitura de mundo"; a ler criativa e criticamente a realidade do momento de vida social que vive "agora"; a "dizer a sua palavra"; a criar, viver e escrever a sua história.

Ora, para dialogicamente tornar educandos populares sujeitos ao mesmo tempo críticos e criativos por meio de uma prática de crescente reflexão conscientizada e conscientizadora, o papel do educador "erudito" e "comprometido" se realizaria no assessorar homens e mulheres das classes populares na tarefa de – de dentro para fora e de baixo para cima – virem a se tornar capazes de serem os construtores de uma nova *cultura popular*, a partir de novas práticas coletivas.

Esse seria um caminho de criação de uma polivalente *Cultura Popular*, aos poucos e de forma irreversível, despojada de valores dominantes, despojada das palavras, dos preceitos, dos saberes e das ideias e ideologias que reiteradamente são impostas a todas as pessoas, através dos mais diversos meios e sistemas de comunicação: educação incluída. Uma nova cultura nascida de atos populares de libertação, deveria passo a passo espelhar, na crítica da "prática da liberdade", a realidade da vida social em toda a sua crescente transparência. Uma outra e nova *cultura popular* pouco a pouco se definiria como a prática de uma relação de compromissos entre *movimentos de cultura popular* e *movimentos populares* através da cultura.

Eis alguns fundamentos dos *movimentos de cultura popular*. Como um contraponto ao que de maneira sistemática sempre foi exercido através da cultura na sociedade hegemônica, colonizadora e capitalista, caberia a eles, homens e mulheres das classes populares, uma parcela central no trabalho social e simbólico de recriação, com o próprio povo, de sua própria cultura. Assim, *culturas do povo* deveriam ser transformadas em autênticas *culturas*, através de experiências dialógicas de *Cultura Popular* (escrita agora com maiúsculas).

E uma tal ação política através de práticas culturais deveria partir dos símbolos e dos significados das próprias raízes culturais populares – a arte popular, os saberes populares, as diferentes tradições populares em todas as suas dimensões etc. – repensando-as a partir da associação entre a sua experiência de vida, e a autônoma interação com/entre os agentes e os recursos de um *movimento de cultura popular*. No seu ponto ideal de ação cultural, as pessoas do povo e os grupos populares realizariam sobre si mesmos o essencial do trabalho pedagógico de sua própria tomada de consciência.

Ora, uma *cultura popular* finalmente reflexiva e, não, reflexa, completaria a sua missão histórica quando se afirmasse como uma livre, autônoma e aberta *cultura nacional*. Quando estivesse resolvida a desigualdade entre as classes, no momento em que uma cultura unificada a partir do povo de uma nação, devolvesse ao imaginário de todos os seus habitantes o mais pleno e fecundo sentido humano de universalidade.

Rompidas as estruturas de domínio de uma classe social sobre as outras, ambas se uniriam em um mesmo sistema aberto de símbolos, de múltiplos saberes e de sensibilidades e significados, regido pela possibilidade de recriação de valores e conhecimentos fundados na conciliação entre pessoas, classes, cultura e consciências.

Tradicionalmente, programas oficiais de "informação cultural" ou de educação de adultos, utilizavam o teatro, a música, a literatura e o cinema como recursos pedagógicos destinados a transferir a setores populares conhecimentos eruditos. Nem sempre, mas em várias ocasiões eles conduzem saberes e sentidos pautados por uma lógica e um imaginário colonizador.

Em uma outra direção, os movimentos emergentes dos anos 1960 retomavam o cinema, o teatro e a música como uma inovadora revelação da/para a arte popular, com vistas a fazer deles meios e instrumentos para se realizar uma comunicação biunívoca de efeito conscientizador.

Eis uma comunicação emancipadora de ida e volta que deveria, em uma direção, buscar compreender o âmago dos saberes/valores da arte e da cultura de grupos e de comunidades populares. Em uma outra direção, uma tal comunicação-educação deveria levar até os setores populares os saberes de ciência e arte que geralmente lhes são negados. Uma arte, por exemplo, "traduzida" através de diferentes linguagens, e acompanhada por diferentes situações de uma reflexão coletiva que devolvessem ao pensamento do povo a genuína beleza, a necessária transparência e uma inevitável abertura a diálogos críticos sobre a realidade. Algo que os movimentos de cultura popular reconheciam haver sido perdido ao ser reiteradamente "traduzido" em termos de uma alienante cultura de massas.

O que se sonhava pôr em movimento seria uma arte popular – em um duplo sentido – que viesse a colocar em diálogos críticos e insurgentes, um modo novo e inovador de compreender o mundo e de saber vivê-lo e transformá-lo, cultural e socialmente, a partir da associação dos valores do povo com o aporte do trabalho dos agentes a seu serviço.

A novidade das experiências culturais e pedagógicas inauguradas a partir da passagem de Paulo Freire e sua primeira e equipe pelo *Serviço de Extensão* da Universidade do Recife foram postas por escrito pela primeira vez no número 4 da *Revista de Cultura* da Universidade do Recife, com a data de abril/junho de 1963. Vale a pena relembrar os títulos dos artigos: *Conscientização e alfabetização: uma nova visão do processo*, escrito por Paulo Freire; *Fundamentação teórica do Sistema Paulo Freire de Educação*, escrito por Jarbas Maciel; *Educação de adultos e unificação da cultura*, escrito por Jomard Muniz de Brito; *Conscientização e alfabetização: uma visão prática do Sistema Paulo Freire*, escrito por Aurenice Cardoso.[27]

No artigo de Paulo Freire a palavra "cultura" aparece logo na segunda página. A palavra "educação" – sem qualquer qualificador – irá aparecer bem mais adiante, e apenas em dois momentos da "1ª parte" do seu artigo. Uma delas está na página 103 do livro organizado por Osmar Fávero, e já lembrado aqui. A outra na página 110, no parágrafo que encerra a 1ª parte. Antes de descrever sumariamente o seu método de alfabetização, na 2ª parte – algo que Aurenice Cardoso fará com mais detalhes em seu artigo – Paulo Freire irá referenciar uma proposta de educação a um

---

27 Na mesma sequência os quatro artigos originais da equipe de Paulo Freire foram republicados no livro *Cultura popular, educação popular: memória dos anos 60*, organizado por Osmar Fávero e publicado pela editora Graal, do Rio de Janeiro, em agosto de 1983. Os quatro artigos saem na parte intitulada *Sistema Paulo Freire*, e é justamente para a palavra "sistema" que quero chamar a atenção de quem me leia agora.

processo de "democratização da cultura". E será a *cultura* o conceito-chave de todo o seu escrito.

> Observe-se ainda, a partir destas relações do homem com a realidade e nela criando, recriando, decidindo, que ele vai dinamizando o seu mundo. Vai dominando a realidade externa. Vai acrescentando a ela algo de que é mesmo o fazedor. Vai temporalizando espaços geográficos. Faz cultura. E é ainda o jogo dialético de suas relações com que marca o mundo, refazendo-o e marcando-o, com o que não permite a "estaticidade" das sociedades nem das culturas.[28]

Em um outro escrito, ao passar da ideia ampla de cultura para a de democratização da cultura, uma das bandeiras de luta dos MCPs, e para a de *cultura popular*, Freire escreveu isto:

> Cultura Popular é todo o processo de democratização da cultura que visa neutralizar o distanciamento, o desnível "anormal" e antinatural entre duas "culturas" através da abertura a todos os homens – independentemente da raça, credo, cor, profissão, origem etc. – de todos os canais de comunicação. "Fazer" cultura popular é, assim, democratizar a cultura. É antes de tudo, um ato de amor.
> A relação entre educação e cultura popular salta clara, também à luz desta análise.
> O homem "fazendo" cultura, comunica e transmite conhecimento de geração em geração. Radica aí, precisamente, o caráter fundamental de todo processo.

---

28 FREIRE, P. "Conscientização e alfabetização: uma nova visão do processo". In: FÁVERO, O. *Cultura popular, educação popular: memória dos anos 60*. Rio de Janeiro: Graal; Paz e Terra, 1985, p. 102.

IV.
Da cultura popular à educação popular

É interessante notar que títulos de livros com a palavra "educação" foram raros entre os escritos de Paulo Freire. Educação vai aparecer na capa de seus dois primeiros livros: *Educação e atualidade brasileira*; *Educação como prática da liberdade*. Não por acaso os títulos de seus livros mais conhecidos escrevem de preferência a palavra "pedagogia". E esta palavra virá sempre acompanhada ora de um substantivo ou um adjetivo que evoquem o seu destinatário principal, como em *Pedagogia do oprimido*, ou de qualificadores que sugiram um valor, um sentimento, uma palavra que faça a pedagogia traduzir-se como algo além de uma mera tecnologia de ensino-aprendizagem: *Pedagogia da esperança*, *Pedagogia da indignação*, *Pedagogia da autonomia*.

Mais adiante lembrarei algo essencial e, no entanto, quase esquecido quando se recorda a vida e a obra de Paulo Freire. Me remeterei a um documento bem do começo dos anos 1960, para afirmar que ele e sua primeira equipe não criaram apenas um inovador método de alfabetização de adultos. Na verdade, esse "método" era um instrumento de trabalho inserido na etapa mais inicial de todo um *Sistema Paulo Freire de Educação*.

No entanto, em boa medida foi através de iniciativas de alfabetização e de uma motivada educação de base estendida a jovens e a adultos desescolarizados na infância, que alguns movimentos de cultura popular teriam conseguido naqueles anos levar adiante as suas ideias de uma maneira mais contínua e duradoura.

Talvez aqui o exemplo mais conhecido seja o do *Movimento de Educação de Base*. Surgido já sob esta palavra: "movimento", e integrado no conjunto dos movimentos de cultura popular dos 1960, o MEB originou-se de um convênio entre a Igreja Católica e o Governo Brasileiro. Também com força influenciado pelas ideias então nascentes do "professor Paulo Freire", dedicou-se com prioridade à alfabetização de jovens e adultos das "regiões mais subdesenvolvidas do Brasil". Lançando mão de uma imensa rede de emissoras radiofônicas católicas espalhadas pelo país, o MEB inovou de forma duradoura e fecunda a prática da educação. Talvez a ele deva ser creditado haver sido uma experiência pioneira na "educação à distância".[29]

Tendo a alfabetização de adultos como a sua meta inicial, a educação de base proposta pela MEB

---

29 Uma das mais graves e também inesperadas ocorrências dos anos 1960. Em 1963 educadoras e educadores do MEB elaboram um conjunto didático *Viver é Lutar*. Ele constava de uma transgressiva cartilha de alfabetização de adultos e de um conjunto de escritos de "fundamentação", como base dos diálogos durante o processo de letramento. Um trabalho que partindo da alfabetização não se limitava a apenas ensinar a ler e escrever palavras e frases, mas a criar situações de troca de ideias de fundo social e político e a propiciar um aprendizado coletivo de "leitura do mundo", na esteira do pensamento de Paulo Freire. Quando estava impressa e ainda na gráfica, o material do *Viver é Lutar* foi apreendido pela polícia do então estado da Guanabara, pouco antes do golpe militar de 1964. Talvez tenha sido uma primeira vez na nossa história em que uma cartilha é levada presa para uma delegacia de polícia. Esse estranho acontecimento repercutiu até mesmo na imprensa internacional.

não se limitava a "apenas alfabetizar". Os fundamentos de uma educação aberta, inclusiva, dialógica e conscientizadora (uma palavra essencial nos primeiros escritos de Paulo Freire e nos próprios documentos de formação do MEB) estendiam a alfabetização a uma educação continuada em que a ideia de "de base" não se limitava ao que seria "básico" para uma vida humana, em termos funcionais e materiais (educação, saúde, nutrição, habitação etc.), mas, para além deste "básico", a "base" deveria ser centrada em tudo aquilo que qualifica a pessoa humana na plenitude de seu ser. A começar pela sua capacidade ilimitada de aprender a saber, de saber pensar e de pensar para agir solidária e responsavelmente na transformação de sua vida e de seu mundo.

Vimos já como a partir das experiências de Paulo Freire e de sua equipe pioneira no Nordeste, todo um trabalho de alfabetização deveria ser iniciado através de uma pesquisa coletiva de um universo cultural popular e local. A seguir, as próprias "aulas" deveriam ser transformadas em diálogos nos *círculos de cultura*. E a palavra "cultura" possuía então um forte duplo sentido. Em uma direção ela queria traduzir o fato de que o mundo humano é uma criação do próprio homem, como um trabalho ao longo de eras que tanto se apropria da matéria e da energia do mundo para transformá-las em criações de uso social, quanto criar e transformar símbolos, palavras e significados para atribuir sentido ao mundo, ao ser humano e ao seu trabalho como criador de cultura.

Em uma outra direção, todo o diálogo deveria partir do suposto de que também "ali", naquela comunidade rural dos fundos do sertão do Nordeste, e também "ali", naquele pequeno círculo, as pessoas reunidas não estavam apenas associadas para mutuamente ensinarem e aprenderem a ler e escrever. Ao realizarem isso, todas e cada uma delas estava vivendo a experiência humana de um momento de criação de cultura. Uma experiência fundada na ideia matriz de que tanto individualmente quanto coletivamente, uma pessoa, uma família, uma comunidade popular não são seres "sem educação e cultura". Individual e coletivamente, cada pessoa e cada comunidade humana são criadores de suas próprias culturas, seja no cavar com a enxada o sulco na terra que espera a semente, seja no transformar no fogão a semente em um alimento, seja no criar uma poesia de cordel que celebre tanto o camponês quanto a cozinheira.

Se formos buscar uma breve síntese do que a pedagogia de Paulo Freire e as ideias e propostas dos *movimentos de cultura popular* procuraram estabelecer e praticar em seu tempo podem ser resumidas da seguinte maneira:

- Elas se lançam da busca de uma interação equitativa entre diversos campos de pensamento, de criação e de ação social através das ciências, da educação, das artes e da sabedoria popular. Saberes de ciência, cinema, teatro, literatura, música, artes plásticas, educação, e outras expressões da criação humana são compreendidas como diferentes domínios de criação de novas ideias. Ideias insurgentes que convergem em uma diferenciada vocação político-transformadora. Portanto, seria através da partilha de todas e de cada uma dessas vocações, no interior de projetos de "criação do novo" e de "transformação através da inovação", que uma nova cultura deveria ser criada passo a passo.

- Elas buscam uma difícil, mas justa e inevitável convergência de e entre culturas. Em termos concretos, buscam estabelecer novas alianças entre pessoas e grupos de vida e vocação acadêmica ou artística (educadores, cientistas, artistas, militantes sociais etc.), com autores/atores populares individuais ou coletivos.

Esse complexo processo de percurso entre "estradas de mão dupla" na criação e gestão de estilos de arte e sistemas de educação, tomou um rumo bem diverso do usual e oficialmente era praticada como ação, gestão ou promoção cultural até então. Isto porque o que se procura não é algo pensado e praticado como um outro "serviço cultural" ou educacional complementar ao povo. Não se trata de estender ao "sem cultura", ou aos "de baixa cultura", ou de "culturas populares" os benefícios, os padrões de gosto e as ideologias de moda de uma "cultura erudita", uma "verdadeira cultura civilizada".

O propósito é o de partir de um diálogo tão igualitário e inclusivo quanto possível, que desague na criação de meios e modos de autotransformação, passo a passo, de pessoas, de grupos sociais e de movimentos populares em assumidos construtores e gestores de sua própria autonomia. E, por essa via, pessoas, grupos, comunidades, e classes que se reconheçam também como cocriadores e condutores de ações de ruptura da hegemonia colonizadora.

- Elas colocam a cultura e a política no centro do próprio acontecer da educação. É nesta direção que insisto aqui em lembrar que para Freire e seus companheiros nem a ciência e nem a educação existem "soltas na sociedade", e, menos ainda, nunca são "culturalmente neutras". A educação é pensada como um campo da cultura, e a cultura como algo cuja dimensão de realização tem a ver com a gestão de formas de um ativo poder simbólico, que tanto pode reiterar e reordenar uma conjuntura social de desigualdade e de opressão, quando podem representar a dimensão simbólica de teor político de emancipação e de construção de uma nova ordem social. Eis o caminho pelo qual métodos e técnicas utilizados originalmente como alternativas de terapia e de dinâmica de grupos "centrados no cliente", isto é, na individualidade de cada participante, sejam repensados como estratégias de novos diálogos centrados nas pessoas participantes não em busca de sua "cura pessoal", mas na transformação de mundo social de vidas coletivas e cotidianas – mas sempre pensadas como algo que ocorre no fluxo da história. Pois não se trata de criar contextos de soluções pessoais de conflitos sociais, mas da busca solidária de soluções sociais para problemas pessoais. Este seria o momento de uma inversão de uma educação para o povo em direção a uma educação que o povo cria ao transitar de sujeito econômico a sujeito político e ao se desapropriar de um modelo de educação para fazê-la ser *a* educação do seu projeto histórico. Não esquecer que "sujeito político" tem, em Freire, a conotação do agente consciente e crítico e, portanto, a pessoa criativamente ativa, participante e corresponsável pela gestão e transformação de sua *polis*, o seu lugar de vida e destino.

- Finalmente, sobretudo a partir das propostas de Freire e de sua equipe pioneira, o que se procura estabelecer e difundir é uma experiência de educação que anos mais tarde receberá o qualificador "popular". Antecipo que desde os primeiros escritos da "equipe pioneira", não estará restrita a um método de trabalho, como aquele criado para a alfabetização de adultos, mas como um "sistema de educação" que tem em seu andar térreo a alfabetização e, à cobertura, a proposta de criação de uma *universidade popular*. E isso aconteceu vários anos antes da reinvenção bem atual de propostas de universidades livres, solidárias e populares.

E é sobre este inovador "sistema de educação" que falarei daqui em diante.

V.
Do método ao sistema: da alfabetização à universidade popular

Relembremos fatos do início da carreira de educador de Paulo Feire e de sua "equipe nordestina". Eles trabalham agora intensamente associados aos *movimentos de cultura popular*. Dois anos antes do começo dos anos 1960, Paulo Freire foi relator de um documento da *Comissão Regional de Pernambuco* a respeito da educação no Estado. Em *A Educação de Adultos e as Populações Marginais*, escrito antes de amadurecer suas ideias mais inovadoras sobre a educação, Paulo Freire já revelava a inquietude crítica a respeito da sociedade e da educação que o acompanharia vida afora.

Em um documento em que a ideia central é a da inevitabilidade do "trânsito" em uma sociedade como a brasileira dos anos 1960, ele defende que o homem do povo deveria apresentar-se não mais através de algum atributo de sua essência abstrata, mas como um ser que através do trabalho intencionalmente realizado em um mundo dado de natureza, cria cultura e, através dela, cria-se a si mesmo como ser no mundo e cria a sua história, é a própria cultura que emerge como um campo de ação social transformadora.

> Daí jamais admitirmos que a democratização da cultura fosse a sua vulgarização ou, por outro lado, a adoção, ao povo, de algo que formulássemos nós mesmos em nossa biblioteca e que a ele doássemos. Foram as nossas mais recentes experiências, de há

dois anos no Movimento de Cultura Popular do Recife, que nos levaram ao amadurecimento de posições e convicções que vínhamos tendo e alimentando, desde quando, jovem ainda, iniciamos os nossos contatos com proletários e subproletários como educadores. Naquele Movimento, coordenávamos o projeto de Educação de Adultos, através do qual lançamos duas instituições básicas de educação e cultura popular: O Círculo de Cultura e o Centro de Cultura.[30]

Ora, talvez por uma primeira vez uma proposta formal e internacionalmente oficial de Educação de Adultos (que ele escreve com maiúsculas), aparece em um escrito de Paulo Freire com os nomes de *educação* e de *cultura popular*. E é escrita logo antes do anúncio das duas iniciativas com que ele e a sua equipe dão corpo às suas propostas: o *Círculo de Cultura* e o *Centro de Cultura*.

Entre os escritos pioneiros da equipe nordestina do *Serviço de Extensão Comunitária* da Universidade do Recife, o documento que apresenta formalmente o *Sistema Paulo Freire de Educação* foi escrito por Jarbas Maciel. Foi ele quem discorreu com mais dados e fatos sobre o que seria a experiência de extensão universitária da equipe. E ele inicia o seu artigo reconhecendo que foi através do "Método de Alfabetização de Adultos" que toda a iniciativa da equipe de educadores-autores tornou-se em pouco tempo conhecida.

---

30 FÁVERO, Osmar. *Cultura popular, educação popular: memória dos anos 60*. Rio de Janeiro: Graal, 1983, p. 111.

Mas é a proposta de outra "extensão cultural" (o nome antecedente de "extensão universitária") o que nos deve prender a atenção. Quero transcrevê-la aqui na íntegra, porque reconheço que este é um dos raros momentos em que uma alternativa concreta de realização de ações sociais com a vocação dos movimentos de cultura popular dos anos 1960 aparece associada não mais apenas a movimentos sociais autônomos, mas à própria estrutura de uma universidade pública. Trata-se da oferta de uma ainda não existente *universidade popular*.

> Extensão cultural, para nós que compomos a equipe de trabalho do prof. Paulo Freire e que estamos mergulhados numa intensa atividade de democratização da cultura no seio do povo, significa algo mais do que aquilo que lhe *é* em geral atribuído nos centos universitários da Europa e dos EUA.
> A extensão *é uma dimensão da pré-revolução brasileira, desde que ela também* – e não só o homem, na expressão feliz de Gabriel Marcel – *é* situada e datada. De fato, já não se pode mais entender no Brasil de hoje, uma universidade voltada sobre si mesma e para o passado, indiferente aos problemas cruciais que afligem o povo que ela deve servir.
> [...]
> No momento atual que vive o Nordeste, não teria sentido uma universidade alienada ao processo de desenvolvimento e, por isso mesmo, inautêntica e marginalizada. Para abri-la, para tirá-la de seu isolamento e inseri-la no trânsito brasileiro, para desmarginalizá-la, enfim, surge a extensão cultural, assestando suas baterias sobre os problemas

mais urgentes do nosso hoje e do nosso amanhã. É neste sentido que ela representa uma contradição com a Universidade Brasileira, mas em realidade, reflete, reflete apenas um detalhe de uma contradição maior responsável pelo próprio processo histórico que estamos vivendo.[31]

Essa compreensão do que deveria ser o fundamento de uma *extensão cultural* através da universidade, merece ser pensada como uma afirmação radical de identidade e de projetos de ação social, em um tempo em que no Brasil a própria extensão universitária ensaiava os seus primeiros e incertos passos.

Tanto no texto transcrito acima, quando em outros documentos, a equipe pioneira de Paulo Freire exerceu uma crítica dirigida a outras iniciativas que justamente "naqueles anos", começavam a ser implantadas no Brasil e em toda a América Latina. Algumas delas vinham dos Estados Unidos, como a "Aliança para o Progresso". Outras foram geradas pela ONU e a Unesco, como as experiências de *organização e desenvolvimento de comunidades* (ONU) e como as propostas *de educação de adultos*, inseridas na ideia de uma *educação permanente*. O que propunham então Freire e seus companheiros não era a oferta de mais um serviço estendido às camadas populares, apenas um tanto mais ativo e participativo. O que se propunha representava naqueles anos uma radical

---
31 MACIEL, J. "Fundamentação teórica do Sistema Paulo Freire de Educação". In: FÁVERO, O. *Cultura Popular, educação popular: memória dos nos 60*. Rio de Janeiro: Graal; Paz e Terra, 1985, p. 127-128.

inversão. O "serviço de extensão" almejava deixar de servir aos interesses da universidade através de sua extensão além-muros, em direção ao povo. E não se destinava à universidade (e ao currículo *vitae* de seus docentes) através do povo, mas destinava-se ao povo através da universidade. Uma difícil utopia de justiça humana até hoje em um distante horizonte, na maior parte das ocasiões.

A "inversão" proposta implicava estabelecer um diálogo aberto o suficiente para que a condição de vida e os projetos de sua transformação – tal como vividos e pensados então pelos agentes populares – deveria vir a ser o fundamento de qualquer programa de *extensão cultural*, a começar pela própria alfabetização.

Esse é também o motivo pelo qual o Método Paulo Freire era iniciado, como vimos já, através do convocar uma turma de alfabetizandos a constituir-se como e equipe que iniciaria os seus estudos por meio de um levantamento de palavras, de temas e de problemas geradores. E isto através de narrativas em diálogo sobre as suas vidas e a vida coletiva do lugar social onde ela é vivida.

No mesmo artigo é a seguir anunciada a extensão do *Método Paulo Freire de Alfabetização* em direção a todo um *Sistema Paulo Freire de Educação*. Um sistema gerado na universidade, e que deveria desaguar na criação de uma nova universidade popular.

> Foi esse, portanto – e ainda está sendo – o ponto de partida do SEC, ao lado de seu esforço em levar a Universidade a agir junto ao povo através de seus

Cursos de Extensão nível secundário, médio e superior, de suas palestras e publicações e, por fim, de sua "Rádio Universidade". Todavia o SEC não poderia fazer do Método de Alfabetização de Adultos do Prof. Paulo Freire sua única e exclusiva área de interesses e de trabalho. A alfabetização deveria ser – e é – um elo de uma cadeia extensa de etapas, não mais de um método para alfabetizar, mas de um sistema de educação integral e fundamental. Vimos surgir, assim, ao lado do *Método Paulo Freire de Alfabetização de Adultos*, o *Sistema Paulo Freire de Educação*, cujas sucessivas etapas – com exceção da atual etapa de alfabetização de adultos, começam já agora a ser formuladas e, algumas delas, aplicadas experimentalmente, desembocando com toda tranquilidade numa autêntica e coerente Universidade Popular.[32]

Essa dimensão hoje meio esquecida de uma proposta do começo dos anos 1960, talvez porque nunca realizada para além das experiências com o *Método Paulo Freire*, desdobrava-se nas seguintes etapas:

1) Alfabetização infantil.
2) Alfabetização de adultos (em atividade no SEC, por ocasião da escrita dos textos da equipe pioneira).
3) Ciclo primário rápido (também com suas atividades iniciadas pelo SEC, em uma experiência na Paraíba, conduzida pelo CEPLAR).
4) A *quarta etapa* do Sistema, juntamente com a anterior, marca o início da experiência de universidade popular propriamente dita, entre nós. Será a *extensão cultural*, em níveis popular, secundário,

---

32 *Ibid.*, p. 129, grifos do autor.

pré-universitário e universitário. Esta é a fase de trabalho atual do SEC, mas atingindo clientelas de áreas urbanas recifenses, de nível secundário em diante.[33]

5) A *quinta etapa* do Sistema – *já esboçada com suficiente profundidade para permitir a presente extrapolação* – desembocará tranquila e coerentemente no *Instituto de Ciências do Homem,* da Universidade do Recife, com o qual o SEC trabalhará em íntima colaboração.[34]

6) A criação de um *Centro de Estudos Internacionais (CEI)*, da Universidade do Recife. Este órgão havia já sido criado e previa uma "intensa transação com os países subdesenvolvidos num esforço de integração do chamado Terceiro Mundo".

Essas seriam as etapas da "extensão" de um serviço cultural criado em uma universidade dos anos 1960, em direção à geração de alternativas de um trabalho não apenas "para o povo", mas "com o povo", como reiteradamente esta ideia aparece desde o artigo escrito por Paulo Freire. E uma tal "virada", que em outros momentos aparecerá também como uma recriação de "cultura a partir do povo", foi construída a partir de fundamentos teóricos bastante conhecidos, pois desde o seu primeiro documento a respeito, eles retornaram ao longo de toda a obra escrita e praticada de Paulo Freire.

---

33   *Ibid.*, p. 131, grifos do autor.
34   MACIEL, J. *Op. cit.*

Quem ler com atenção as notas de rodapé de seus livros e consultar com cuidado as referências dos diversos escritos de Paulo Freire, desvelará o como ele foi um leitor-autor pioneiro na prática do que veio a ser chamado de "Transdisciplinaridade". Um educador que associava escritos de Karl Marx aos de Martin Buber e Emannuel Mounier. Um pensador da educação que vivendo na Europa mais de dez anos, incorporou a seus estudos e aos seus escritos tanto estudiosos do "Primeiro Mundo", como Franz Fanon, Samora Machel, Amilcar Cabral e outros pensadores, políticos e educadores da África e de outros continentes para além do "Primeiro Mundo".

Em seu artigo, Jarbas Maciel retomou uma categoria pouco presente na maioria dos textos dos anos 1960, à exceção dos que provinham da vertente cristã, a partir da *Ação Católica*. E ele os retomou para fundamentar uma proposta por ele mesmo e por Paulo Freire anunciada como "revolucionária". Ela é a palavra *amor*. Sim. Antes da apresentação dos pressupostos teóricos do *Sistema Paulo Freire* ela aparece escrita na seguinte passagem.

> Dado que a comunicação admite graus e tem, no amor, o seu grau máximo e porque representa, por assim dizer, a vida da cultura a qual, transmitida de geração a geração, vem a ser a educação, é válido perguntar que significação o amor – assim entendido – tem para a educação.
>
> O significado que o amor – ou, também a tendência a operar formas cada vez mais elevadas de

comunicação – tem para a educação é a *democratização da cultura*.[35]

Eis os "postulados fundamentais" do *Sistema de Educação Paulo Freire:*
1) A igualdade ontológica de todos os homens.
2) A acessibilidade ilimitada do conhecimento e da cultura.
3) A comunicabilidade ilimitada do conhecimento e da cultura.

Não será necessário um grande esforço para compreendermos que esses pressupostos permanecerão ativos e serão aprofundados, em boa medida a partir das ações e dos escritos de Freire.

1. Da alfabetização à universidade popular

Se o projeto de educação em Paulo Freire e em outros pensadores e praticantes de alguma das variantes da educação popular fosse estendido a você que me lê, eis como dele poderia ser formado através de sete muito breve sentenças, todas elas iniciadas com um ou dois verbos.
1) Viver a sua vida
2) Criar o seu destino
3) Aprender o seu pensar

---
35 MACIEL, J. "Fundamentação teórica do Sistema Paulo Freire de Educação". In: FÁVERO, O. *Cultura popular, educação popular: memória dos anos 60*. Rio de Janeiro: Graal; Paz e Terra, 1985, p. 135, grifos do autor.

4) Compartilhar seu aprender
5) Dizer a sua palavra
6) Transformar o seu mundo
7) Escrever a sua história

Claro, cada um dos verbos e das destinações sugeridas acima apenas recobrem o seu pleno sentido quando um "para mim" é vivido como um "entre nós". Quando cada uma das ações de sentido escritas no singular são, na verdade, vividas no plural.

Pensadas com mais palavras e detalhes, eis como poderiam ser aqui repensados os fundamentos e as ações de uma "educação como prática da liberdade".

O valor irreversível e absoluto da pessoa humana

Qualquer que seja o modelo de um governo e a estilo de uma sociedade, a pessoa humana será essencial e sempre considerada como seu sujeito e sua razão de ser. Cada pessoa constitui um valor irredutível em si mesma. Assim sendo, todos os projetos e todas as políticas sociais devem ter cada pessoa humana e todas as pessoas de um povo, de uma sociedade ou uma nação como as suas destinatárias fundadoras e essenciais.

Instância alguma do mundo antecede o primado da pessoa humana: nem a sociedade, nem o mercado, nem o progresso e nem o desenvolvimento. Assim, qualquer política de "desenvolvimento econômico" apenas tem sentido se representar um efetivo e democratizante "desenvolvimento humano" através também da economia. E dentro dos parâmetros do capitalismo e sua atual versão "neoliberal", todos eles são desconfiáveis, pois sempre colocam o mercado e o capital adiante da sociedade e de suas pessoas, individuais e coletivas.

Em Paulo Freire a pessoa não é, como em pensadores idealistas e fantasiosos que ele critica, um ser etéreo e abstrato. Mulheres e homens são seres da vida social, da cultura e da sociedade. São seres "situados e datados". São seres convocados a uma vida de autônoma e solidária construção de si-mesmos e dos mundos em que vivem. Não seres "feitos" a quem "naturalmente" direitos humanos são estendidos. São sujeitos construtores de suas vidas e criadores de suas culturas. São atores sociais e sujeitos de direitos porque eles próprios são também os criadores de seus direitos e deveres.

> Entendemos que, para o homem, o mundo é uma realidade objetiva, independente dele, possível de ser conhecida. É fundamental, contudo, partirmos de que o homem, ser de relações e não só de contatos, não apenas está no mundo, mas com o mundo. Estar com o mundo resulta de sua abertura à realidade, que o faz o ente de relações que é.[36] O ponto de partida deste movimento está nos homens mesmos. Mas, como não há homens sem mundo, sem realidade, o movimento parte das relações homens-mundo. Daí que este ponto de partida esteja sempre nos homens no seu aqui e

---
36 FREIRE, P. *Educação como prática da liberdade*. Rio de Janeiro: Paz e Terra, 1983, p. 39.

agora que constituem a situação em que se encontram ora imersos, ora emersos, ora insertados.[37]

A incompletude e a sempre inacabável vocação a ser mais da pessoa humana

Este fundamento de toda a pedagogia de Paulo Freire nem sempre é lembrado com a força original que ele possui em seu pensamento. Somos seres sempre inacabados, inconclusos. Somos a espécie de seres vivos no planeta Terra cujo inacabamento convoca ao exercício do seu oposto: o perene aperfeiçoamento. Somos mulheres e homens sempre abertos a nos superarmos e a ousarmos ir até além de nós mesmos. Somos, em nossa desafiadora liberdade, mulheres e homens convocados a sermos sempre "mais nós mesmos", ao mesmo tempo em que nos lançamos em busca de sermos "mais além de nós mesmos". "Ser mais" foi sempre uma dupla de palavras que Paulo Freire não deixou de dizer e escrever ao longo da vida.

Sendo perenemente inacabados e permanentemente aperfeiçoáveis, a educação não é para a pessoa humana algo que apenas complementa funcionalmente um saber necessário a um agir prático. É somente a esfera mais inicial e utilitária da aventura do aprender a saber.

---

[37] MAFRA, J. F.; ROMÃO, J. E.; GADOTTI, M. (Org.). *Pedagogia do Oprimido: o manuscrito*. Instituto Paulo Freire; Uninove; Ministério da Educação, 2013, p. 74.

Aprendemos porque em nós o aprender é igualmente interminável. E também porque a própria ideia de conscientização – em geral lida apenas em sua dimensão militantemente política – remete em Freire à nossa vocação de não apenas aprender a saber, mas aprender a saber pensar. E pensar não como quem repete o saber de outros, mas como quem aprende a criar os seus saberes e a pensar por conta própria. Dizer a sua palavra, construir e transformar o seu mundo, escrever a sua história. Eis três expressões da mais perfeita síntese de Paulo Freire.

Em termos muito divulgados entre educadoras, defende-se que uma das razões essenciais da educação é ajudar pessoas a "serem melhores" na sua versão mais fiel ao espírito utilitário de uma "educação do e para o mercado" esta ideia poder tornar-se um: "serem os melhores".

Paulo Freire tem a vocação de sempre superar-se a si mesmo junto com os outros e não contra eles, substituindo o "ser melhor" pelo "ser mais". E, assim, aporta para a formação das pessoas em educação o desafio de sempre se superarem entre as fronteiras do inacabamento humano. A se superarem em direção não apenas a uma quantificável "melhora", mas diante de um horizonte em que o "mais" significa não aquilo que competitivamente se "conquista" em quem se torna "melhor", mas significa o ultrapassar-se no todo de si mesmo, em direção a um horizonte de superação do que há de humano – e nunca de funcional ou utilitário – em sua própria pessoa.

E este "mais" da tradição francamente humanista de Paulo Freire desafia a pessoa em sua individualidade, mas é somente no plano coletivo, social e histórico da vida de cada uma e cada um de nós, que realiza-se em sua plenitude. Em Paulo Freire o "melhor" é biográfico, e o "mais" é histórico.

> Este movimento de busca, porém, só se justifica na medida em que se dirige ao ser mais, à humanização dos seres humanos. E esta é a sua vocação histórica, contraditada pela desumanização que, não sendo vocação, é viabilidade, constatável na história. E, enquanto viabilidade, deve aparecer aos seres humanos como desafio e não como freio ao ato de buscar. Esta busca do ser mais, porém, não pode realizar-se no isolamento, no individualismo, mas na comunhão, na solidariedade dos existires, daí que seja impossível dar-se nas relações antagônicas entre opressores e oprimidos. Ninguém pode ser, autenticamente, proibindo que os outros sejam, e esta é uma exigência radical.
> O ser mais que se busque no individualismo conduz ao ter mais egoísta, como forma de ser menos. De desumanização. Não que não seja fundamental – repitamos – ter para ser. Precisamente porque é, não pode o ter de alguns converter-se na obstaculização ao ter dos demais, robustecendo o poder dos primeiros, com o qual esmagam os segundos, na sua escassez de poder.[38]

---

38 MAFRA, J. F.; ROMÃO, J. E.; GADOTTI, M. (Org.). *Pedagogia do Oprimido: o manuscrito*. Instituto Paulo Freire; Uninove; Ministério da Educação, 2013, p. 74-75.

A difícil tarefa de criar a liberdade

A exclusão, a desigualdade, a opressão, o tolhimento do direto de ser livre não representam apenas para imensa maioria das mulheres e dos homens do mundo de antes e de agora o sofrimento das privações que as estatísticas planetárias, latino-americanas e brasileiras nos apresentam com frequência.

Há algo mais, e algo com uma maior densidade de dor e de sofrimento. Os "postos à margem" em sociedades que alimentam o poder de uma minoria, sob a crescente exclusão de "todos os outros", resulta em um sentimento de ser dual: "sou quem sou, sendo o que fizeram de mim". Assim, os oprimidos

> sofrem uma dualidade que se instala na 'anterioridade' do seu ser. Descobrem que, não sendo livres, não chegam a ser autenticamente. Querem ser, mas temem ser. São eles e ao mesmo tempo são o outro introjetado neles, como consciência opressora. Sua luta se trava entre serem eles mesmos ou serem duplos. Entre expulsarem ou não o opressor de 'dentro' de si. Entre se desalienarem ou se manterem alienados. Entre seguirem prescrições ou terem opções. Entre serem espectadores ou autores. Entre atuarem ou terem a ilusão de que atuam na atuação dos opressores. Entre dizerem a palavra ou não terem voz, castrados no seu poder de criar e recriar, no seu poder de transformar o mundo.[39]

---

39 *Ibid.*, p. 35.

Assim sendo, a primeira e a mais essencial tarefa pedagógica de "desalienação" (palavra costumeira nos primeiros escritos de Freire) está justamente num trabalho de autorreconhecimento. Está na lenta e progressiva descoberta de "quem sou eu quando não sou a ilusória imagem do que fizeram de mim".

Aquilo a que damos o vago nome de "descoberta da dignidade humana" encontra em Freire um sentido bastante mais radical. "Não sou quem sou e nem valho o que valho por causa de um direito atribuído por outro a mim". "Sou o que construo em mim para ser eu mesmo". Em 13 de junho ele escreve uma carta a Paulo Cavalcanti, que o libertou da prisão com um mandato de *habeas corpus* junto ao Supremo Tribunal Militar da ditadura. Na carta, reafirma a "concretude" com que qualifica o seu humanismo, ao estendê-lo ao homem a quem deve a liberdade. Da mesma maneira como procede ao distinguir modalidades de educação e de outras práticas sociais, ele irá estabelecer sobre pessoas concretas e ações concretas o humanismo em que acredita.

> [...] Testemunho humanista. De humanismo que não se perde em frases feitas, quando muito sonoras, amontoado de palavras ocas, que fala em homem abstrato, fora do mundo, fora do tempo; humanismo pelo contrário – o seu – que é compromisso com o homem molhado de tempo, enraizado no mundo. Compromisso com os homens que estão sendo uma forma de não ser.[40]

---
40 COELHO, E. P. *Pedagogia da Correspondência: Paulo Freire e a educação por cartas e livros*. Brasília: Liber Livro, 2011, p. 112. (Carta de 13 de junho de 1969.)

A afirmação de uma ativa descoberta de valores construídos "desde dentro" e, não, atribuídos "desde fora", possui algum sentido, ele está no fato de que a desvelamento de "mim mesmo", interage com o coletivo e solidário encontro de/com "nós mesmos". Um encontro do "entre nós", associado à consciência da trajetória de fatos e feitos através dos quais, juntos, nós nos desvelamos, nos redescobrimos e nos unimos através do que nós mesmos "fazemos de nós", na medida em que superamos a cada dia "o que eles fizeram de nós".

Assim sendo, "conscientizar" em Paulo Freire nada tem a ver com o cultivo de idealizados imaginários supra-humanos. Nada sugere para além da concretude transformadora da consciência do ser humano. E, atenção, uma consciência não somente a racional, mas interativamente também emocional.

> Humanização e desumanização, dentro da história, num contexto real, concreto, objetivo, são possibilidades dos homens como seres inconclusos e conscientes de sua inconclusão. Mas, se ambas são possibilidades, só a primeira nos parece ser o que chamamos de vocação dos homens. Vocação negada, mas também afirmada na própria negação. Vocação negada na injustiça, na exploração, na opressão, na violência dos opressores. Mas afirmada no anseio de liberdade, de justiça, de luta dos oprimidos, pela recuperação de sua humanidade roubada.[41]

---
41 MAFRA, J. F.; ROMÃO, J. E.; GADOTTI, M. (Org.). *Pedagogia do Oprimido: o manuscrito*. Instituto Paulo Freire; Uninove; Ministério da Educação, 2013, p. 30.

O grande problema está em como poderão os oprimidos, que 'hospedam' o opressor em si, participar da elaboração, como seres duplos, inautênticos, da pedagogia de sua libertação. Somente na medida em que se descubram 'hospedeiros' do opressor poderão contribuir para o partejamento de sua pedagogia libertadora. Enquanto vivam a dualidade na qual ser é parecer e parecer é parecer com o opressor, é impossível fazê-lo.[42]

Saberes e culturas – diferentes, mas não desiguais

Toda pessoa, quem quer que seja, é, ao olhar de Freire, uma fonte original, única e irrepetível de seu próprio saber. Afinal, se qualquer psicólogo aceita esse suposto quando se refere aos sentimentos, às emoções, aos sonhos e até às memórias de um cliente, por que não estender isto aos saberes de um aluno? Pois não apenas os saberes de uma pessoa ou de um coletivo, mas todos os sistemas e constelações de símbolos, de sentidos e significados de uma cultura são diversos, são humanamente diferentes, mas, frente a outros não são hierarquicamente desiguais.

A hierarquia dos saberes ao longo da história humana tem sido uma construção de domínios e fontes de poder. Como os que consagram sobre e acima dos outros o "saber do mundo acadêmico". O estabelecimento de desigualdades onde deveria haver o reconhecimento de diversidades criou dicotomias como: selvagem *versus* civilizado, atrasado

---
42 *Ibid.*, p. 32.

versus desenvolvido, rústico *versus* elaborado, popular *versus* erudito, baixa cultura *versus* alta cultura, crença *versus* conhecimento, ignorância *versus* sabedoria etc. Uma atitude oposta a uma dominância traduzida como uma prolongada e variada colonização cultural. Seu oposto é defendido por Paulo Freire desde os seus primeiros escritos.

> Considero uma conquista se nós intelectuais descobrirmos meios pelos quais os grupos e movimentos populares saibam melhorar aquilo que eles já estão sabendo. Descobrimos que é fundamental que haja uma forma de organização mediante a qual esses grupos e movimentos melhor "se armem" através da organização maior do saber que em seus corpos circula. Há um risco em seguida. Nós decidirmos por eles aqueles conteúdos que eles devem saber. Ocorre aí que nós impedimos suas (deles) práticas de conhecimento. [...] Quando isto ocorre estamos reproduzindo a dominação sobre eles. Estaremos impondo nosso método de conhecimento por cima da inteligência deles.[43]

Em outra direção, podemos pensar que cada sistema pessoal ou coletivo de conhecimentos corresponde a uma modalidade própria ou apropriada de compreensão da realidade, e de criação de formas peculiares de pensamento e de ação. O doutor laureado com uma tese teórica sobre sistemas de construção de barcos nos rios da Amazônia talvez não saiba construir um pequeno bote. E uma especialista em nutrição humana possivelmente morrerá de fome, se

---
43 *Que fazer: teoria e prática em educação popular*, p. 26.

acaso se perder na mesma floresta onde um indígena ianomâmi sobrevive com fartura primitiva e sustenta a vida e a saúde de sua família.

Saberes diversos constituem, em uma pessoa ou em uma sociedade, o resultado de experiências peculiares de culturas que somente "de dentro para fora" explicam-se plenamente a si mesmas. No entanto, é justamente através de sua original peculiaridade que pessoas e culturas podem reciprocisar seus saberes e sentidos, e podem se colocar umas para as outras em diálogo.

O que nos conduz à autonomia. O reconhecimento da igualdade de modos de ser, viver, pensar e saber entre pessoas e culturas, convoca o educador a um trabalho pedagógico a ser assumido com a plena consciência do que ela inova. Uma educação que partindo do acolhimento das diferenças, incentiva em seus educandos a busca ao mesmo tempo solitária e solidária da autonomia.

> Outro saber necessário à prática educativa, e que se funda na mesma raiz que acabo de discutir – a da inconclusão do ser que se sabe incompleto – é o que fala do respeito devido à autonomia do ser do educando. [...] O respeito à autonomia e à dignidade de cada um é um imperativo ético e não um favor que podemos ou não conceder uns aos outros.[44]

Muitos anos mais tarde, Miguel Arroyo atualiza essas ideias originárias ao enfatizar que pessoas, grupos,

---
44 FREIRE, P. *Pedagogia da autonomia*. Rio de Janeiro: Paz e Terra, 2002, p. 63-64.

comunidades e movimentos populares possuem não apenas os seus saberes patrimoniais. Possuem também as suas ciências e até mesmo as suas pedagogias.

> Se o padrão de poder/saber conformou um pensamento sociopedagógico para inferiorizar os coletivos populares, esses em suas reações/afirmações inventaram outras formas de pensar-se e de formar-se, outro pensamento sociopedagógico. Outras pedagogias. Uma tensa história com traços peculiares, que exigiu ser reconhecida constituinte da história e da história das teorias pedagógicas.[45]

A vocação ao diálogo

Quaisquer que sejam as pessoas envolvidas, a sua vocação mais original e ousada é a abertura ao encontro com o outro no diálogo entre seres iguais, livres e responsáveis por si-mesmos, pelos outros, e por seus mundos de vida e de trabalho.

Como cada ser humano é uma fonte de vida, de experiências pessoais e de saberes próprios. Algo que a torna única, como um acontecer entre autores-atores de suas palavras e gestos, todo o encontro entre pessoas. Todo o saber, todo o aprendizado e toda a ação social entre pessoas, devem realizar-se sempre como vivências interpessoais e culturais de e entre diálogos. E o fundamento do diálogo entre as pessoas não é outro senão o amor, com quem já nos encontramos páginas acima.

---
45 ARROYO, M. *Outros sujeitos, outras pedagogias*. Petrópolis: Vozes, 2014, p. 39.

> Sendo fundamento do diálogo, o amor é, também, diálogo. [...] Porque é um ato de coragem, nunca de medo, o amor é compromisso com os homens. Onde quer que estejam estes, oprimidos, o ato de amor está em comprometer-se com sua causa. A causa de sua libertação. Mas, este compromisso, porque é amoroso, é dialógico.[46]

Existe, no entanto, uma diferença essencial entre a ideia de diálogo na pedagogia freireana e em outras modalidades de pedagogias e de terapias, em que o aprendizado da crítica para a participação em ações insurgentes e emancipadoras no plano social não está presente.

Para Freire o propósito do diálogo nada tem de afirmação de um eu pessoal centrado em si mesmo e devotado ao culto de si mesmo. Nada possui do anseio ao fortalecimento de uma autoestima que não seja também um exercício de construção recíproca de alter-estimas coletivas e partilhadas. Tudo o que se vive em seu nome e através dele deverá estar centrado no primado das relações que o encontro entre pessoas constroem e compartem em nome de todas e de cada uma. O suposto da prática pedagógica do diálogo está na crença de que uma pessoa só migra de objeto a sujeito e somente enquanto um ser para os outros.

Assim, o diálogo freireano conspira contra encontros e relacionamentos em que cada participante, mesmo no acolher e respeitar o outro "sai do diálogo

---

46 MAFRA, J. F.; ROMÃO, J. E.; GADOTTI, M. (Org.). *Pedagogia do Oprimido: o manuscrito*. São Paulo: Instituto Paulo Freire; Uninove; Ministério da Educação, 2013, p. 94.

como entrou", sem que do "trabalho do saber" que resultou do encontro entre os dois nada tenha criado de novo e de mutuamente desafiador.

Um genuíno encontro de/entre saberes deverá existir como uma troca recíproca quando os "partilhantes de um diálogo" constroem, a partir de suas diferenças igualadas, algo que não sendo já exclusivamente nem "meu" e nem "seu", é novo e inovador justamente porque é "nosso". E "nosso" não como uma dádiva de um para o outro, mas como uma criação "de nós dois".

> O diálogo é o encontro amoroso dos homens que, mediatizados pelo mundo, o pronunciam, isto é, o transformam, e, transformando-o, o humanizam para a humanização de todos.[47]

A tal ponto o diálogo é a essência da pedagogia emancipatória, que ele conduz, no seu limite extremo, a uma abertura ao aprendizado não apenas com que, pensa diferente de você, mas com quem o educa porque pensa diversa e até mesmo antagonicamente.

> Em primeiro lugar, ao fazê-lo, vamos aprendendo a ser menos sectários, mais radicais, mais abertos; em segundo lugar, terminamos por descobrir que aprendemos também não apenas com o diferente de nós, mas até com o nosso antagônico.[48]

---
47 FREIRE, P. *Pedagogia da autonomia*. Rio de Janeiro: Paz e Terra, 2002, p. 43.
48 FÁVERO, Osmar. *Cultura popular, educação popular: memória dos anos 60*. Rio de Janeiro: Graal, 1983, p. 94.

A escolha inevitável entre duas vocações da educação

Assim como acontece com a ciência e com as diferentes atividades de pesquisa científica, no campo da educação também inexiste a "neutralidade". Ao estabelecer uma polaridade entre o que Freire denominou de "educação bancária" – associando-a à imagem do núcleo do capitalismo, representado pelo banco – e o que ele projeta é um desafio de escolhas, na arquitetura da sala de aulas, na vocação do diálogo e na destinação do formar pessoas lúcidas, conscientes, críticas, solidárias e ativamente participativas através de uma "educação libertadora".

Não será suficiente ser um bom e competente professor. É necessário saltar desta virtude de base, do "professor competente" (o que já é muito no mundo de hoje), em direção ao "educador consciente". Se existe um horizonte aberto a quem eduque para a formar pessoas e construir com e através delas um "outro mundo possível", um primeiro passo estará no libertar a educação de seu estatuto secular de não ser mais uma agência de colonização de mãos e mentes de acordo com o ideário hegemônico do dominador.

> [Educação bancária x educação libertadora] A primeira assistencializa; a segunda, criticiza. A primeira, na medida em que, servindo à dominação, inibe a criatividade e, ainda que não podendo matar a intencionalidade da consciência como um desprender-se ao mundo, a 'domestica'; nega os homens na sua vocação ontológica e histórica de humanizar-se.

> A segunda, na medida em que, servindo à libertação, se funda na criatividade e estimula a reflexão e a ação verdadeiras dos homens sobre a realidade, responde à sua vocação, como seres que não podem autenticar-se fora da busca e da transformação criadora.[49] É que, se os homens são estes seres da busca e se sua vocação ontológica é humanizar-se, podem cedo ou tarde, perceber a contradição em que a 'educação bancária' pretende mantê-los e engajar-se na luta por sua libertação. Um educador humanista, revolucionário, não há de esperar esta possibilidade. Sua ação, identificando-se, desde logo com a dos educandos, deve orientar-se no sentido da humanização de ambos. Do pensar autêntico e não no sentido da doação, da entrega do saber. Sua ação deve estar infundida da profunda crença nos homens. Crença no seu poder criador.[50]

Uma educação centrada na acolhida e na partilha solidária de saberes, cujo espelho mais fiel é o "círculo de cultura" não deve ser confundida com um exercício de ensino-aprendizado em que em nada importa o enfrentamento e a difícil e trabalhosa construção de saberes. Pois não somos apenas mentes que adquirem e acumulam informações e conhecimentos para permanecermos como sempre fomos.

Pessoas não aprendem apenas para serem capacitadas através de informações – algo que Paulo Freire combatia com firmeza desde o começo de seus escritos. Elas

---
49 MAFRA, J. F.; ROMÃO, J. E.; GADOTTI, M. (Org.). *Pedagogia do Oprimido: o manuscrito*. Instituto Paulo Freire; Uninove; Ministério da Educação, 2013, p. 72.
50 *Ibid.*, p. 62.

aprendem enquanto ensinam, e ensinam enquanto aprendem, para não apenas conhecerem, mas para compreenderem crítica e conscientemente o que conhecem.

Pensado e dito de outro modo: pessoas não aprendem apenas para acumularem conhecimentos, mas para continuamente processarem saberes ativamente adquiridos como reconhecimento pessoal e interativo de si mesmas, dos outros e do mundo. Conheço quando faço parte do que é conhecido. Conheço conscientemente quando penso por conta própria, e responsavelmente atribuo sentido humano ao que estou conhecendo.

Somos seres que transformam o que aprendem e conhecem, porque compreendem o que conhecem e pensam criativa e criticamente a partir do que compreender. Todas as pessoas, de uma criança camponesa a um adulto operário, são seres do saber. Todas sabem e é com a teia do que sabem que chegam a aprender. Mas de nada vale apenas saberes de uma forma a qual elas já conhecem. O que importa é que no intervalo do que "chegam sabendo" frente ao que "ainda não sabem", elas partam do que trazem como o que "já sabem" para aprender o que elas "ainda não sabem". E, por não saberem, a partir do que já sabem elas descobrem. E, descobrindo, aprendem.

A formação de consciências autônomas, críticas, criativas e amorosamente dialógicas é a razão de ser do aprendizado na escola e fora dela. E esta forma de aprendizado deveria ser a razão de uma educação formadora de pessoas conscientes e cooperativas e, não, indivíduos competentes e competitivos segundo os preceitos de uma "educação bancária".

> A pedagogia do oprimido, como pedagogia humanista e libertadora, terá dois momentos distintos. O primeiro, em que os oprimidos vão desvelando o mundo da opressão e vão comprometendo-se, na práxis, com a sua transformação; o segundo, em que, transformada a realidade opressora, esta pedagogia deixa de ser do oprimido e passa a ser a pedagogia dos homens em processo de permanente libertação.[51]

Recordo aqui a fórmula que de tão conhecida e repetida tornou-se um quase "mote de Paulo Freire". Se todas e todos nós somos autores e atores de nossos próprios saberes essenciais, então uma relação pedagógica de encontro entre pessoas é sempre uma reciprocidade. Ninguém me educa como se em fosse uma "lousa em branco à espera de que alguém por mim escreva nela". Mas também eu posso aprender algo, mas não me educo sozinho.

Assim como ontologicamente a presença de um outro – a partir de meus pais – me constrói, assim também pedagogicamente um outro algum me educa. Desde que diante de mim se abra e comigo também aprenda.

---
51 MAFRA, J. F.; ROMÃO, J. E.; GADOTTI, M. (Org.). *Pedagogia do Oprimido: o manuscrito*. Instituto Paulo Freire; Uninove; Ministério da Educação, 2013, p. 41.

Desta maneira, o educador já não é o que apenas educa, mas o que, enquanto educa, é educado, em diálogo com o educando que, ao ser educado, também educa. Ambos, assim, se tornam sujeitos do processo em que crescem juntos e em que os "argumentos de autoridade" já não valem. Em que, para ser-se, funcionalmente, autoridade, se necessita de *estar sendo com* as liberdades e não *contra* elas.

[...]

Já agora ninguém educa ninguém, como tampouco ninguém se educa a si mesmo: os homens se educam em comunhão, mediatizados pelo mundo. Mediatizados pelos objetos cognoscíveis que, na prática "bancária", são possuídos pelo educador que os descreve ou os deposita nos educandos passivos.[52]

O destino do conhecimento conscientizador é a ação social transformadora

Uma rara mensagem de Paulo Freire, escrita sob a forma de um poema pode bem ser um primeiro momento para uma compreensão do que ele entende como uma ação cultural de sentido transformador.

Aprendo para me transformar. E eu me transformo quando aprendo para transformar a minha vida. E eu transformo a minha vida quando aprendo a torná-la cada vez mais uma presença ativa, consciente, criativa e descolonizadora no mundo em que vivo. No mundo em que vivemos, você e eu.

---

52 *Ibid.*, p. 68.

Uma das decorrências de uma mente tornada mais consciente, como decorrência do aprendizado através de uma educação libertadora, deveria ser uma crescente compreensão crítica de que o mundo em que vivemos sempre foi e segue sendo construído por meio da ação de pessoas e de grupos humanos. No entanto, ao longo da história das sociedades humanas, quase sempre escravos, servos, camponeses, operários trabalharam para construírem um "mundo dos outros". Para realizarem através de um trabalho imposto, a sociedade de suas próprias exclusões.

Um mundo humano, uma nação, uma sociedade, uma comunidade, resultam da variação de trabalhos reais e coletivos de homens concretos. Eles correspondem a uma criação humana em todos os seus instantes. E se em um momento de sua história aquilo que criam os seres humanos não resulta ser o que deveria ser, como a realidade de uma sociedade livre, justa, inclusiva, diferenciada, igualitária e fraterna, caberá ao trabalho das pessoas que nela vivem, a partir dos homens e mulheres das camadas populares, realizarem a sua transformação.

Nós nos educamos em diálogo e através de nossos outros para aprendermos a "pronunciar a nossa palavra". Para dizer o nosso saber, para criar a nossa sociedade e para escrever a nossa história.

Se não existem saberes neutros nem na educação e nem na ciência, todo o conhecimento conduz a uma ação. Há saberes-ações que reforçam situações colonizadoras de opressão. Há saberes-ações que na busca de humanizá-las apenas as regulam. E, em direção oposta, há ações que são exercidas para a emancipação frente a sociedades de desumanização.

Práxis foi sempre uma das palavras-chave em Paulo Freire:

> Quando tentamos um adentramento no diálogo como fenômeno humano, se nos revela algo que já poderemos dizer ser ele mesmo: a palavra. Esta busca nos leva a surpreender, nela, duas dimensões: ação e reflexão, de tal forma solidárias, em uma interação tão radical que, sacrificada, ainda que em parte, uma delas, se ressente, imediatamente, a outra. Não há palavra verdadeira que não seja práxis. Daí que dizer a palavra verdadeira seja transformar o mundo. [...] Não é no silêncio que os homens se fazem, mas na palavra, no trabalho, na ação-reflexão.[53] Mas se os homens são seres do quefazer é exatamente porque seu fazer é ação e reflexão. É práxis. É transformação do mundo. E, na razão mesma em que o quefazer é práxis, todo fazer do quefazer tem de ter uma teoria que necessariamente o ilumine. O que fazer é teoria e prática. É reflexão e ação.[54]

Existe um critério absoluto para determinar a qualidade de uma mudança ou transformação social? Existe, e é este: ela deve ser sempre humanizadora. Deve representar sem tréguas um acréscimo de valor humano ao que é sempre humanizável. Deve buscar ser um crescente de condições através das quais

---
53 MAFRA, J. F.; ROMÃO, J. E.; GADOTTI, M. (Org.). *Pedagogia do Oprimido: o manuscrito*. Instituto Paulo Freire; Uninove; Ministério da Educação, 2013, p. 77-78.
54 *Ibid.*, p. 121.

todas as pessoas de uma vida social possam viver cada vez mais uma vida plena e feliz. Isto é, uma *vida de qualidade*, bem mais do que a *qualidade de vida* dos indicadores do mundo do mercado. Uma existência criativa, livre, corresponsável, e solidariamente partilhada, em uma sociedade justa, substantivamente democrática (de fato), igualitária, multicultural, não excludente, e aberta à constante mudança.

A corresponsabilidade de quem educa

A ideia de que educar é viver um ato de reciprocidade através de gestos de acolhimento e de ternura, tornou-se em nossos dias uma quase afirmação corriqueira, sobretudo nas vertentes das pedagogias humanistas. Mas as suas origens remontam a outros tempos.

Paulo Freire adotou uma escolha nem sempre partilhada entre educadores. Segundo ele, tanto em quem educa quanto em que *é* educado a experiência de um amor recíproco deve negar um sentimento individualista e utilitário, voltado para "mim mesmo", em direção a um movimento voltado de "em mim" aos "meus outros". E, como um alargamento de um afeto sem fronteiras, deve estender-se dos "meus outros próximos" a "todos os outros". Lembremos que desde *Pedagogia do Oprimido* é dito que não é vocação política do oprimido liberar-se do jugo do opressor em uma ação contra ele. É a de libertar-se de ser oprimido liberando o outro de ser o opressor. Em um mundo não mais regido pela oposição opressor-oprimido não deve haver lugar para a sobrevivência de sentimentos e ações que provocaram na sociedade desigual e excludente o sofrimento do subalterno e a alienação dele e do seu opressor.

Educo para transformar mentes e corações. E educo para formar pessoas corresponsáveis e ativamente participantes de projetos de emancipação e de descolonização.

Se alguém sofre em um mundo justo, eu o auxilio para que ele se encontre e busque a sua realização e a sua felicidade individual. No entanto, se muitas pessoas sofrem coletivamente a injustiça, a opressão, a exclusão e a ausência de liberdade, *é inevitável que* nós nos unamos em uma inevitável luta para transformar o mundo de vida que impede pessoas de se realizarem como seres livres e solidariamente felizes.

> Criticavam em mim o que lhes parecia minha politização exagerada. Não percebiam, porém, que, ao negarem a mim a condição de educador, por ser demasiado político, eram tão políticos quanto eu. Certamente, contudo, numa posição contrária à minha. Neutros é que nem eram nem podiam ser.[55] Uma tal separação entre educação e política, ingênua ou astutamente feita, enfatizemos, não apenas é irreal, mas perigosa. Pensar a educação independentemente do poder que a constitui, desgarrá-la da realidade concreta em que se forja, nos leva a uma das seguintes consequências. De um lado, reduzi-la a um mundo de valores e ideais abstratos, que o pedagogo constrói no interior de

---

55 FREIRE, P. *Pedagogia da esperança: um reencontro com a pedagogia do oprimido*. Rio de Janeiro: Paz e Terra, 2005, p. 9.

> sua consciência, sem sequer perceber os condicionamentos que o fazem pensar assim; de outro, convertê-la num repertório de técnicas comportamentais. Ou ainda, tomar a educação como alavanca da transformação da realidade.[56]

A palavra "radical" é constante em Paulo Freire. E ela se desdobra nele em um duplo sentido original. Radical significa aquilo que vem da raiz; dos fundamentos do que existe. Assim, radical é o que brota do lugar onde o que existe germina. E radical significa também aquilo que não pode deixar de ser assim como é. Se o mundo regido pelo domínio do capital e pelo seu poder de colonizar, de instituições bancárias à intuição de nossas mentes, então não basta a *ação que ilusoriamente apenas* atualiza, regula, aperfeiçoa uma conjuntura perversa. É urgente e necessário aprender a ser radical, a partir do lugar-raiz da origem do mal social. E é preciso ousar transformar radicalmente a realidade que esta raiz *má* germina e alimenta.

> A radicalização, que implica no enraizamento que o homem faz na opção que fez, é positiva, porque preponderantemente crítica. Porque crítica e amorosa, humilde e comunicativa. O homem radical na sua posição não nega o direito ao outro de optar. Não pretende impor a sua opção. Dialoga sobre ela. Está convencido de seu acerto, mas respeita no outro o direito de também julgar-se certo. Tenta convencer e converter, e não esmagar o seu oponente. Tem o dever, contudo, por uma questão mesma de

---
56 *Idem. Ação cultural para a liberdade e outros escritos*. Rio de Janeiro: Paz e Terra, 2006, p. 172-173.

amor, de reagir à violência dos que lhe pretendam impor silêncio. Dos que, em nome da liberdade, matam, em si e nele, a própria liberdade.[57]

O chamado a participação de todos e, de maneira especial, das pessoas e comunidades do povo

Numa sociedade em que a imensa maioria das mulheres e dos homens pertence às camadas sociais populares, não apenas por isso serão as pessoas do povo aquelas destinadas a reverter a sua própria condição de pobreza, exclusão e marginalidade. Mais do que isso, pessoas das camadas populares deverão converter-se nos agentes mais ativos e críticos de sua formação consciente, e da transformação de suas culturas, e a partir delas, de seus valores e tradições, a mudança das estruturas e processos da sociedade desigual e excludente.

> É que, para eles, pessoa humana são apenas eles. Os outros, estes são "coisas". Para eles, há um só direito – o seu direito de viverem em paz, ante o direito de sobreviverem, que talvez nem sequer reconheçam, mas somente admitam aos oprimidos. E isto ainda, porque, afinal, é preciso que os oprimidos existam, para que eles existam e sejam generosos.[58]

---

57 FREIRE, P. *Educação como prática da liberdade*. Rio de Janeiro: Paz e Terra, 1983, p. 50-51.
58 MAFRA, J. F.; ROMÃO, J. E.; GADOTTI, M. (Org.). *Pedagogia do Oprimido: o manuscrito*. Instituto Paulo Freire; Uninove; Ministério da Educação, 2013, p. 45.

Entre duas posições bastante demarcadas em seu tempo, Freire estabelece uma oposição entre "direita" e "esquerda" a partir de como cada uma é e se coloca diante de um mesmo "povo". A direita e a esquerda buscam, cada uma a sua maneira, o conhecimento do povo. Mas já que "não há ciência neutra" os dois modos de conhecimento são não apenas diversos, mas opostos. De um lado ele serve a aprimorar a dominação. De outro, um compromisso de presença e serviço.

Uma pedagogia do oprimido em nome de uma ação social de emancipação representa um desafio. E por uma razão simples: ela parte de uma crítica cuja radicalidade obrigada a uma postura de luta. Afinal, ela parte de atos de superação do existente, e tem como horizonte não apenas a construção do mesmo homem um pouco mais educado, mas um ser humano transformado pelo que aprende. O seu nome pode ser: "o homem novo".

> A libertação, por isso, é um parto. E um parto doloroso. O homem que nasce deste parto é um homem novo que só é viável na e pela superação da contradição opressores-oprimidos, que é a libertação de todos. A superação da contradição é o parto que traz ao mundo este homem novo não mais opressor; não mais oprimido, mas homem libertando-se.[59]

---

59 MAFRA, J. F.; ROMÃO, J. E.; GADOTTI, M. (Org.). *Pedagogia do Oprimido: o manuscrito*. Instituto Paulo Freire; Uninove; Ministério da Educação, 2013, p. 35.

O professor, um educador

Uma educação centrada na acolhida de diferenças e do diferente de mim, nada terá a ver com uma sentimental educação "neutra". A ideia de ciências e pedagogias autoproclamadas como "neutras", ou apolíticas, para serem humanistas é o justo oposto de uma educação humanizadora.

Toda a educação é um enfrentamento; uma aventura do imaginário e do pensar. E é um trabalho de formação de pessoas conscientes justamente por serem amorosas, e amorosas justamente por serem abertas a saberem onde vivem, como vivem e por que vivem como vivem.

O professor deve desafiar-se a ser um praticante do desejo inacabável de aprender a saber como um projeto de vida inesgotável. Uma curiosidade ao mesmo tempo livre e ativamente responsável é uma primeira virtude do "professor que é também um educador".

E o seu ensino fundado na acolhida do outro é uma prática que dialoga exatamente porque acredita que não é tarefa do professor propiciar uma acumulação de informações e de conhecimentos prontos e estocáveis, mas sim a de educar pessoas que saibam o que sabem para saberem como se superar através do que aprendem a saber. Ou seja, pessoas que aprendam interativamente a saber, para aprenderem a ativamente saber pensar, o que pensar e para que pensar o que pensam.

> Se a educação é dialógica, é óbvio que o papel do professor, em qualquer situação, é importante. Na medida em que ele dialoga com os educandos, deve chamar a atenção destes para um ou outro ponto menos claro, mais ingênuo, problematizando-os sempre. Por quê? Como? Será assim? Que relação você vê entre a sua afirmação feita agora e a de seu companheiro "A"? Haverá contradição entre elas? Por quê? O papel do educador não é o de "encher" o educando de "conhecimento", de ordem técnica ou não, mas sim o de proporcionar, através da relação dialógica educador-educando, educando-educador, a organização de um pensamento correto em ambos.[60]

Em tempos em que a acumulação de informações é destinada a capacitar-instrumentalizar o indivíduo competente-competitivo, uma educação libertadora começa por libertar-se do que a coloniza: o tornar-se um depósito de informações prontas a ser "dadas", ou mecanicamente "passadas" para educandos.

Em uma outra direção, o educador do diálogo e da formação crítica de consciências, parte do suposto de que aprender e estudar não devem tomar duas falsas direções: 1ª) Instrumentalizar-se funcionalmente e apenas informar competências; 2ª) Tornar-se digestível e até divertida, como um jogo que evita o árduo trabalho de aprender, para ser aceita com facilidade por quem deseja (in)formar-se sem esforços em direção a um saber sem a reflexão pessoal.

---

60 FREIRE, P. *Extensão ou comunicação?*. Rio de Janeiro: Paz e Terra, 1982, p. 53.

Afinal, todo o saber é uma construção e todo o aprender demanda o esforço e a persistência de quem constrói.

> O conhecimento, pelo contrário, exige uma presença curiosa do sujeito face ao mundo. Requer sua ação transformadora sobre a realidade. Demanda uma busca constante. Implica em invenção e em reinvenção. Reclama a reflexão crítica de cada um sobre o ato mesmo de conhecer, pelo qual se reconhece conhecendo e, ao reconhecer-se assim, percebe o 'como' de seu conhecer e os condicionamentos a que está submetido o seu ato. Conhecer é tarefa de sujeitos, não de objetos.[61] Estudar é, realmente, um trabalho difícil. Exige de quem o faz uma postura crítica, sistemática. Exige uma disciplina intelectual que não se ganha a não ser praticando-a. Estudar seriamente um texto é estudar o estudo de quem, estudando, o escreveu. Estudar é também e sobretudo pensar a prática e pensar a prática é a melhor maneira de pensar certo. Não se mede o estudo pelo número de páginas lidas numa noite, ou pela quantidade de livros lidos num semestre. Estudar não é um ato de consumir ideias, mas de criá-las e recriá-las.[62]

O sonho, a esperança e o inédito viável

Em toda a pedagogia de Paulo Freire a educação renasce como uma ação cultural transformadora, em direção a um constante processo de humanização.

---
61 *Ibid.*, p. 27.
62 FREIRE, P. *Ação cultural para a liberdade e outros escritos*. Rio de Janeiro: Paz e Terra, 2006, p. 10-13.

Não por acaso depois de *Pedagogia do Oprimido,* que Paulo Freire intercala com os seus "livros da África", ele escreve uma *Pedagogia da Esperança*. Ensina que espera e educa quem se nutre de uma inabalável esperança.

Pois se não houver a certeza da realização de um projeto humano de futuro, em nome do que pensar e praticar uma tão desafiadora educação dirigida ao presente?

Algumas palavras povoaram o imaginário esperançoso de Paulo Freire. Uma, bastante conhecida, é a *utopia,* que ele reconhece como o realizável, justamente por não ser ainda o realizado. A outra é a junção de duas palavras que sozinhas estão longe de sugerir a força de esperança que possuem quando se juntam: *inédito viável*.

> Para mim o utópico não é o irrealizável; a utopia não é o idealismo, é a dialetização dos atos de denunciar e anunciar, do ato de denunciar a estrutura desumanizante e de anunciar a estrutura humanizante. Por esta razão a utopia é também um compromisso histórico.[63] No momento que estes as percebem não mais como uma "fronteira entre o ser e o nada, mas como uma fronteira entre o ser e o ser mais", se fazem cada vez mais críticos na sua ação, ligada àquela percepção. Percepção em que está implícito o inédito viável como algo definido, a cuja concretização se dirigirá sua ação.[64]
> Haverá momentos em que fulano e sicrano,

---
63 FREIRE, P. *Conscientização: Teoria e prática da libertação*. São Paulo: Moraes, 1980, p. 27
64 MAFRA, J. F.; ROMÃO, J. E.; GADOTTI, M. (Org.). *Pedagogia do Oprimido: o manuscrito*. Instituto Paulo Freire; Uninove; Ministério da Educação, 2013, p. 94.

moradores da periferia ou membros da favela, eles "acordam" dizendo-se: "para que meu sonho seja não apenas Utopia, eu preciso agir". Isto é, [...] se o sonho se aproxima dos sonhadores é porque eles se organizaram. Eles agiram com o sonho na mão. Eu estou propondo que o trabalho e a organização diminuem a distância entre o sonho e a concretez do sonho. O sonhador se junta com outro sonhador e eles encurtam a distância entre o sonho e a vida sonhada. Pra isso mesmo é que nós inventamos a Educação Popular a cada dia.[65]

A belezura da vida

Uma educação voltada à busca da verdade, da virtude e da beleza, entre o generoso gesto poético e o responsável ato político, será uma educação aberta à aventura de desafiar-se continuamente a novas integrações, a novas interações e à própria indeterminação, na construção de seus saberes e na partilha recíproca de seus momentos de ensino-aprendizagem.

Podemos ousar pensar uma educação desafiada a abrir-se a novas integrações, a novas interações e até mesmo às próprias indeterminações que se abrem diante do conhecimento científico, das criações da arte e dos voos da espiritualidade em todos os seus planos e domínios de realização cultural da busca de sentidos e de significados. Podemos começar pela crítica radical a toda a redução instrumental do conhecimento das/nas culturas escolares.

---

65 *Que fazer: teoria e prática em educação popular,* p. 43-44.

De uma maneira consequente com as propostas sugeridas aqui, podemos reclamar para todas as pessoas de todo o mundo uma educação cujos fundamentos sejam uma plena e crescente formação "por toda a vida" de mulheres e de homens cujo destino será buscar solidariamente a felicidade através, também, de uma criação original de saberes e de valores para muito além da utilidade determinada pelo imaginário e pelos interesses do mercado do "mundo dos negócios".

Podemos ousar pensar integrações curriculares bastante mais criativas e ousadas do que as que temos elaborado até aqui. Ao invés de eliminar do plano de estudos de crianças, jovens e adultos as combinações de saberes que não servem diretamente a uma qualificação funcional – já que somos seres destinados a criar e a ousar o inimaginável e, não, a apenas "funcionar" – podemos recriar frágeis e sempre mutáveis caminhos de conhecimentos – melhor do que "grades curriculares" – capazes de colocarem na sala de aula as mesmas integrações entre campos do saber com que se defrontam as ciências de ponta. Integrar os tempos e os ritmos da matemática, da música, da gramática e da literatura em um só plano de estudos. Pensar combinações de saberes postos em relação "harmônica", mais do que em isoladas sequências "sinfônicas" da unidade fragmentada de cada "matéria" ou cada "disciplina".

Podemos propor grandes planos e domínios interconectados do saber, onde o que importa é a vivência criativa do desenvolvimento da capacidade de pensar por conta própria, e também de um abrir-se a viver isto com os outros.

Viver tudo isto cocriando campos e planos abertos e complexos de saberes realizados a cada instante em cada aluno e, também, em toda uma pequena comunidade aprendente: aquilo e aquelas e aqueles que existem em cada uma de nossas salas de aulas. Podemos conspirar contra um ensino enxuto, instrumental e "ranquicisado". Podemos imaginar uma educação onde percam sentido perguntas como: Em que lugar eu estou a cada momento? Na frente de quem que eu superei? Atrás de quem a superar? Podemos pensar uma pedagogia de perguntas como: Em que pé estamos? O que criamos juntos até aqui? O que podemos fazer para integrar mais as pessoas do grupo que ainda encontram dificuldades para partilhar conosco o que estamos construindo aqui, juntos? Em que eu me superei a mim mesmo sem me comparar com os outros? Podemos ir além. Podemos recolocar na escola as interações entre o saber das ciências da natureza e as da natureza humana, e os também inesgotáveis saberes, valores e descobertas da Filosofia, das Artes, das espiritualidades, dos esportes (para muito além da "educação física") e de um renovado sentido humano do próprio lazer. Eu não consigo compreender porque é tão importante aprofundar na escola os conhecimentos de informática e "internatizar" crianças e adolescentes como se "isso" fosse o passaporte único ao futuro, quando elas poderiam estar, também e com mais razões, vivendo momentos de círculos de criação de poesia, de aprendizado vivido da natureza (cursos de escaladas de montanhas, por exemplo) ou de meditação budista.

Uma educação voltada amorosamente à vida e responsável por formar pessoas e grupos humanos cada vez mais comprometidos com o estender a consciência de sua responsabilidade ao todo de seu Mundo, a toda a Humanidade e a toda a Vida existente em nossa casa comum: o planeta Terra.

E, mais além, um chamado a todos nós. Um desafio de estendermos o trabalho de ensinar a horizontes onde a busca de saberes destinados a serem partilhados como sabedoria, venham a ser também a profecia. E que esta palavra de rosto religioso tenha aqui o seu perfil mais humano e humanizador possível. Paulo Freire conclamava professoras e professores a que sejam também educadores, dentro e fora da escola. E que os educadores, andarilhos da esperança, sejam também os profetas do que a sua educação anuncia e que a sua esperança antecipa.

> Os profetas são aqueles ou aquelas que se molham de tal forma nas águas da sua cultura e da sua história, da cultura e da história do seu povo, dos dominados do seu povo, que conhecem o seu aqui e o seu agora e, por isso, podem prever o amanhã que eles mais do que adivinham, realizam.
> Eu diria aos educadores e educadoras: ai daqueles e daquelas que pararem com a sua capacidade de sonhar, de inventar a sua coragem de denunciar e de anunciar.

Ai daqueles que, em lugar de visitar de vez em quando o amanhã, o futuro, pelo profundo engajamento com o hoje, com o aqui e com o agora, se atrelam a um passado, de exploração e de rotina.[66]

---

66 Em "Pedagogia da Terra", de Moacir Gadotti, fala de Darcy Ribeiro: "Sou um homem de Causas. Vivi sempre pregando, lutando, como um cruzado, por causas que me comovem. São muitas, demasiadas: a salvação dos índios, a escolarização das crianças, a reforma agrária, o socialismo em liberdade, a universidade necessária... Na verdade, somei mais fracassos que vitórias nas minhas lutas, mas isso não importa. Seria horrível ter estado ao lado do que se venderam nessas batalhas".

VI.
Andarilho da utopia e semeador da esperança

Fora "a salvação dos índios", as palavras de Darcy Ribeiro poderiam ser inteiramente endossadas por Paulo Freire. Estivemos percorrendo até aqui a vida de um pensador e militante da educação que iniciou a sua vida de professor em uma universidade pública federal. Vimos que "ali" ele trabalhou com a sua primeira "equipe nordestina" na criação de um outro sistema de educação. Um "Sistema Paulo Freire de Educação", que previa em 1961 até mesmo a criação de uma "Universidade Popular" e de um "Instituto Internacional de Estudos Operários".

O "sistema" sequer chegou a ser ensaiado. Paulo Freire e sua equipe foram convocados pelo Ministério da Educação em Brasília para implantarem uma ampla e radical *Campanha Nacional de Alfabetização*. Os empresários e os militares se anteciparam com o golpe de 1 de abril de 1964. Freire foi detido e depois exilado com a sua família.

Em seu exílio ele participou e apoiou experiências de alfabetização e educação continuada de adultos do povo no Chile e, sobretudo, em colônias recém libertadas do domínio português, a partir da iniciativa de governos revolucionários chegados ao poder na África. Os primeiros tempos foram promissores e seus "livros africanos" o revelam. Mas o que aconteceu a seguir, entre guerras internas e novas ditaduras mais uma vez revelou o dilema do deslocar da classe insurgente e das comunidades civis de poder para um poder de estado um "dever de educar" depressa transformado em um "poder de educar". Uma vez mais, longe agora do Brasil, Paulo Freire viveu a mesma amarga experiência de um começo feliz e fecundo de experiências que a seguir seriam desqualificadas ou mesmo perdidas.

De volta ao Brasil depois de 13 anos de exílio o professor Paulo Freire ingressou em duas universidades de São Paulo, uma pública e outra particular-comunitária. Chamado como secretário de educação do governo de Luiza Erundina, Paulo Freire e seus companheiros criam o MOVA - São Paulo, um movimento público e popular de alfabetização que irá se tornar modelo para outros vários "Movas" espalhados pelo Brasil. Nas eleições governamentais seguintes um candidato de direita assume o governo de São Paulo, e em menos de seis meses o MOVA - São Paulo foi inteiramente desmontado.

Em seus últimos anos entre nós, entre a universidade "e o mundo", ele seguiu de perto a ação de movimentos sociais populares e apoiou iniciativas estaduais e municipais sob governo que pretenderam inaugurar inúmeras experiências para converter em *popular* uma política *pública* de educação. Várias delas foram interrompidas ou desfiguradas ao longo do tempo.

Um educador que hoje dá nome a mais de 50 escolas públicas em todo o Brasil, e que recentemente foi proclamado como "Patrono da Educação

Brasileira", morreu sem haver logrado de forma consistente e duradoura realizar como efetivamente "popular" uma educação "pública". Uma educação escolar criada e conduzida por agentes do povo e por instituições da sociedade civil, e realizada em seu nome e a seu favor e, não, como um projeto de empoderamento puro e simples do poder partidário de estado.

A duras penas Paulo, Darcy e quantas e quantos outros educadores aprendemos que é temerário confiar em uma educação que nas democracias pode mudar de mãos e de mentes a cada quatro anos, e onde cada secretário de educação (não raro rival do que acaba de sair) resolve "apagar tudo o que foi feito e começar tudo de novo"?

Como confiar em uma educação que entre governos autoritários à esquerda e à direita, depressa hegemoniza como uma "política de estado" ou um "projeto de partido" o que em algum momento foi sonhado como sendo algo "do povo"? No entanto, como pretender viver uma vida dedicada à formação de pessoas através da educação, sem persistir ao longo de iniciativas e revezes, como um andarilho da esperança?

Paulo Freire nos deixou como herança a compreensão de que a educação não é uma "coisa" ou uma prática a ser mantida e preservada "como ela é" ao longo dos tempos. A educação existe para ser reinventada a cada dia. A cada momento e em cada experiência de seu acontecer, dentro e fora dos muros da escola.

Tornar educação uma ousada utopia, a começar pela persistente crítica aos sistemas de ensinar e aprender impregnados de uma visão utilitária e meramente instrumental. Recordo que seu grande sonho foi partilhar com outros a invenção do que nos primeiros tempos ele chamou de *educação libertadora, educação liberadora, educação popular, pedagogia do oprimido*. E que em seus últimos livros ele vai retraduzir como uma *pedagogia da esperança, pedagogia da indignação, pedagogia da autonomia*.

Entre escolhas pelas quais a educação revela "a sua cara" e um projeto pedagógico de fato "diz a que veio", o educador de vocação libertadora deve optar por colocar-se não apenas do lado, mas a serviço do povo, na sociedade de classes secularmente autoritária e hierarquicamente desqualificadora "da imensa maioria". E esta opção, para além de pedagógica, é cotidianamente ética e política. Uma pedagogia do oprimido começa por uma atitude pessoal para além da simples "aceitação do outro discriminado", e estende-se a uma corresponsabilidade com e por ele.[67]

> Se a nossa opção é progressista, se estamos a favor da vida e não da morte, da equidade e não da injustiça, do direito e não do arbítrio, da convivência com o diferente e não com sua negação, não temos outro caminho senão viver plenamente a nossa opção. Encarná-la diminuindo assim a distância entre o que fazemos. Desrespeitando os fracos, enganando os incautos, ofendendo a vida,

---

67 Está na página 67 de *Pedagogia da Indignação*.

explorando os outros, discriminando o índio, o negro, a mulher, não estarei ajudando os meus filhos a serem sérios, justos e amorosos da vida e dos outros.

A variedade dos nomes que se sucedem nas capas de seus livros ou no coração de suas ideias traduz um mesmo ideal. O de tornar a educação um caminho destinado a servir aos povos e aos pobres do Brasil, formando-as para serem eles próprios os criadores de culturas e sociedades construídas por pessoas conscientes, ativas e livres.

> Se nada ficar destas páginas, algo, pelo menos, esperamos que permaneça: a nossa confiança no povo. Nossa fé nos homens e na criação de um mundo em que seja menos difícil amar.[68]

---

68 MAFRA, J. F.; ROMÃO, J. E.; GADOTTI, M. (Org.). *Pedagogia do Oprimido: o manuscrito*. Instituto Paulo Freire; Uninove; Ministério da Educação, 2013, p. 184.

VII.
O que ler para conhecer a obra de Paulo Freire

A melhor maneira de se conhecer o que Paulo Freire escreveu e o que ao longo de mais de 50 anos foi escrito – e gravado, e filmado – sobre ele, é proceder como ele mesmo procedeu e, certamente, iria sugerir. Procurar por conta própria. Saber "garimpar" entre a memória, a biblioteca e a internet.

Proceder como se desfiado a criar, tal como acontecia no início dos trabalhos de uma nova "turma de alfabetização com o Método Paulo Freire". Assim como os alfabetizandos partiam em busca das "palavras geradoras" e dos "temas geradores", que seriam depois utilizadas no "círculo de cultura" e nos momentos da sequência da alfabetização, talvez o melhor caminho para quem busca dos muitos livros, artigos, e outros trabalhos de Paulo Freire seja partir em busca dos "escritos geradores" de Paulo Freire e sobre ele, antes do exílio, durante o exílio e depois do exílio.

Eles são muitos, existem em várias línguas, vêm de vários momentos, entre os anos 1960 e agora.

Os livros mais essenciais povoam algumas páginas deste livro e estão relacionados na bibliografia abaixo. Existem alguns outros, sobretudo os de suas entrevistas. E há uma quantidade quase incontável de monografias, dissertações e teses a respeito dele. E não apenas na bibliografia específica de Educação. Uma pesquisa cuidadosa haverá de revelar que tanto em revistas acadêmicas ou não, quanto entre trabalhos não publicados – mas encontráveis entre recursos da internet – existem inúmeros trabalhos em publicações de áreas como Medicina, Serviço Social, Ciências Sociais, entre outras. E também publicações dos mais diferentes movimentos sociais e/ou populares.

Em *Paulo Freire: uma biobibliografia*, indicado aqui na bibliografia, há uma pormenorizada relação de estudos de e sobre Paulo Freire.

O Instituto Paulo Freire de São Paulo editou e vem atualizando uma "Memória de Paulo Freire", na qual podem ser encontrados os mais diferentes escritos de Freire e a seu respeito, inclusive vários nunca publicados.

Canção dos Fonemas da Alegria

Paulo Freire viajou com outras pessoas para o exílio no Chile. Uma delas, o poeta amazonense Thiago de Mello, dedicou a Paulo um poema com este nome: *Canção para os fonemas da alegria*.

Que este livro começado com memória, termine com poesia.

Peço licença para algumas coisas.
Primeiramente para desfraldar
este canto de amor publicamente.
Sucede que só seu dizer amor
quando reparto o ramo azul de estrelas
que em meu peito floresce de menino.

Peço licença para soletrar
no alfabeto do sol de Pernambuco
a palavra ti-jo-lo, por exemplo.
E poder ver que dentro dela vivem
paredes, aconchegos e janelas,
e descobrir que todos os fonemas
são mágicos sinais que vão abrindo
constelações de girassóis girando
em círculos de amor que de repente
estalam como flor no chão da casa.
Às vezes, nem há casa; é só o chão
Mas sobre o chão quem reina agora
é um homem diferente que acaba de nascer.

Porque unindo pedaços de palavras
aos poucos vai unindo argila e orvalho
tristeza e pão, cambão e beija-flor.
E acaba por unir a própria vida
no seu peito partida e repartida
quando afinal descobre num clarão
Que o mundo é seu também.
Que o seu trabalho não é pena
que ele paga por ser homem,
mas um modo de amar
e de ajudar o mundo a ser melhor.

Peço licença para avisar, ao gosto de Jesus:
este homem renascido é um homem novo.
Ele atravessa os campos espalhando
a Boa Nova, e chama os companheiros
a pelejar no limpo, fronte a fronte

contra o bicho de quatrocentos anos
cujo fel espesso não resiste
a quarenta horas de total ternura.

Peço licença para terminar
soletrando a canção de rebeldia
que existe nos fonemas da alegria:
Canção do amor real que eu vi nascer
nos olhos do homem que aprendeu a ler.

Referências

ARROYO, Miguel. *Outros sujeitos, outras pedagogias*. Petrópolis: Vozes, 2014.

BARRETO, Vera. *Paulo Freire para educadores*. São Paulo: Arte e Ciência, 1998.

BETTO, Frei; FREIRE, Paulo. *Essa escola chamada vida*. São Paulo: Ática, 1985.

BRANDÃO, Carlos Rodrigues. *Paulo Freire: educar para transformar*. São Paulo: Instituto Paulo Freire, 2005.

_____. *O que é o Método Paulo Freire*. São Paulo: Brasiliense, 1982.

BRUTSCHER, Valmir José. *Educação e conhecimento em Paulo Freire*. Passo Fundo: IFIBE, 2005 (Coleção Diá-Lógos, v. 7).

CEAAL. *Paulo Freire: palavras em Buenos Aires*. San José, 1986 (edição mimeografada).

COELHO, Edgar Pereira. *Pedagogia da correspondência: Paulo Freire e a educação por cartas e livros*. Brasília: Liber Livro, 2011.

DAMASCENO. Alberto et al. *A educação como ato político partidário*. São Paulo: Cortez, 1989.

FÁVERO, Osmar. *Cultura popular, educação popular: memória dos anos 60*. Rio de Janeiro: Graal, 1983.

FREIRE, Ana Maria Araujo. *Paulo Freire: uma história de vida*. São Paulo: Villa das Letras, 2006.

FREIRE, Ana Maria Araujo. "A voz da esposa: a trajetória de Paulo Freire". *In:* GADOTTI, Moacir (Org.). *Paulo Freire: uma biobibliografia.* São Paulo: Instituto Paulo Freire; Unesco; Cortez, 1996.

FREIRE, Paulo. "Conscientização e Alfabetização: uma nova visão do processo". *In:* FÁVERO, Osmar (Org.). *Cultura Popular, educação popular: memória dos anos 60.* Rio de Janeiro: Graal; Paz e Terra, 1985.

_____. "Criando métodos de pesquisa alternativa". *In:* BRANDÃO, Carlos Rodrigues (Org.). *Pesquisa Participante.* São Paulo: Brasiliense, 1981.

_____. "Conscientização e alfabetização: uma nova visão do processo". *In:* FÁVERO, O. *Cultura Popular, educação Popular: memória dos anos 60.* Rio de Janeiro: Graal, 1983.

_____. *Pedagogia da Esperança: um reencontro com a pedagogia do oprimido.* São Paulo: Paz e Terra, 2005.

_____. *À sombra desta mangueira.* São Paulo: Olho d'Água, 1995.

_____. Minha primeira professora. *Nova Escola,* dez. 1994.

_____. *Conscientização: Teoria e prática da libertação.* São Paulo: Moraes, 1980.

_____. *Extensão ou comunicação?.* Rio de Janeiro: Paz e Terra, 1982.

_____. *Educação como prática da liberdade.* Rio de Janeiro: Paz e Terra, 1983.

FREIRE, Paulo. *Política e Educação*. São Paulo: Cortez, 1993.

_____. *Cartas a Cristina: reflexões sobre minha vida e minha práxis*. São Paulo: Unesp, 2003.

_____. *Pedagogia dos sonhos possíveis*. São Paulo: Unesp, 2001.

_____. *Pedagogia da autonomia*. Rio de Janeiro: Paz e Terra, 2002.

_____. *Pedagogia da esperança: um reencontro com a pedagogia do oprimido*. Rio de Janeiro: Paz e Terra, 2005.

_____. *Ação cultural para a liberdade e outros escritos*. Rio de Janeiro: Paz e Terra, 2006.

FREIRE, Paulo; MACEDO, Donaldo. *Alfabetização: leitura do mundo, leitura da palavra*. Rio de Janeiro: Paz e Terra, 2002.

GADOTTI, Moacir. *Pedagogia da Terra*. São Paulo: Fundação Peirópolis, 2000.

GADOTTI, Moacir et al. *Paulo Freire: uma biobibliografia*. São Paulo: Cortez; Unesco, 1996.

HARPER, Babette et al. *Cuidado, escola! Desigualdade, domesticação e algumas saídas*. São Paulo: Brasiliense, 2003.

MACIEL, Jarbas. "Fundamentação teórica do Sistema Paulo Freire de Educação". *In:* FAVERO, Osmar. *Cultura popular, educação popular: memória dos anos 60*. Rio de Janeiro: Graal; Paz e Terra, 1985.

MAFRA, J. F.; ROMÃO, J. E.; GADOTTI, M. (Org.). *Pedagogia do Oprimido: o manuscrito*. Instituto

Paulo Freire; Uninove; Ministério da Educação, 2013 (Edição original *fac-símile*).

NETO, Luiz Bezerra. *Sem-terra aprende e ensina*. São Paulo: Cortez, 1999.

ONU – PINUD. *Relatório do desenvolvimento humano*. Nova Iorque, 1992.

PIAGET, Jean. *Para onde vai a educação?*. Rio de Janeiro: Livraria José Olympio, 1980.

_____. *O direito à educação no mundo moderno*. Rio de Janeiro: José Olympio, 1980.

SANTOS, Boaventura de Souza. *A gramática dos tempos*. São Paulo: Cortez, 2006.

SHOR, Ira. *Medo e ousadia*. São Paulo: Unesp, 2003.

SPIGOLON, Nima. *Pedagogia da convivência: Elza Freire – uma vida que faz educação*. 2017.

STRECK, D.; REDIN, E.; ZITKOSKI, J. J. (Org.). *Dicionário Paulo Freire*. Belo Horizonte: Autêntica, 2008.

TRIVIÑOS, A. N. S.; ANDREOLA, A. B. *Freire e Fiori no Exílio: um projeto pedagógico-político no Chile*. Porto Alegre: Ritter dos Reis, 2001.

Esta obra foi composta em CTcP
Capa: Supremo 250g – Miolo: Book Ivory Slim 65g
Impressão e acabamento
Gráfica e Editora Santuário